LIBERADOS

DE ANSIEDAD, ATAQUES DE PÁNICO,
DEPRESIÓN Y ATADURAS.

IVÁN IRIZARRY

LIBERADOS

De ansiedad, ataques de pánico, depresión y ataduras

Idónea Production | www.ivanirizarry.org

ISBN: 979-8-234-02896-9

Editado por Ofelia Pérez | OfeliaPerez.com

Diseño de portada e interior: Stephanie González Vargas

Fotografía: Yeremi Ortiz | 787-234-5840

Cursivas, negritas y subrayados son énfasis del autor.

Impreso en Colombia

Elogios

El libro *Liberados* del Pastor Iván Irizarry es una joya espiritual profundamente sanadora, escrita desde el corazón de un pastor que ha caminado por los valles de la ansiedad y la aflicción, y ha salido victorioso de la mano de Dios. Combina la sabiduría pastoral con una comprensión real y compasiva del dolor humano. En sus páginas se entrelazan el testimonio, la fe y la esperanza, mostrando que la verdadera sanidad emocional y espiritual solo se alcanza en Cristo.

El autor abre su corazón con una sinceridad conmovedora, ofreciendo principios bíblicos y experiencias de vida que conducen a la libertad interior. *Liberados* no solo guía al lector a reconocer sus luchas, sino que le enseña a enfrentarlas con el poder de la Palabra y la gracia de Dios. Este libro es un bálsamo para las almas heridas, un faro para quienes buscan restauración, y un recordatorio de que en Jesús siempre hay un nuevo comienzo. Lo recomiendo con total convicción, seguro de que transformará vidas y fortalecerá la fe de quienes lo lean.

Dr. Giovanni Alomar Sastre, Psicólogo Clínico

Pastor de Iglesia de la Familia Gosén, Ponce Campus

Jesús es el gran libertador, su propósito único fue traernos la oportunidad de ser libres, y libres en verdad. Su Palabra, su poder y su iglesia es donde únicamente el ser humano encuentra verdadera libertad. Recomiendo mucho este libro tan poderoso. *Liberados,* es un mensaje de poder donde todo aquel que lo lea estará expuesto a un río de liberación y de paz.

Gracias Pastor Iván Irizarry por esta hermosa obra, donde hay tantos mensajes unidos hacia la libertad integral que Dios quiere darle a cada uno de sus hijos. Ciertamente es un libro muy relevante para las futuras generaciones y para la iglesia que Dios esta levantando en este tiempo.

Frank López
Pastor Principal
Iglesia Doral Jesus Worship Center
Miami, Florida

En el libro de Juan 16:33 (NTV) nuestro Señor Jesús dice: "*Les he dicho todo lo anterior para que en mí tengan paz. Aquí en el mundo tendrán muchas pruebas y tristezas; pero anímense, porque yo he vencido al mundo*". Este verso que constantemente estamos escuchando en nuestro círculo cristiano, puedo decir que se repite mucho, pero con frecuencia su contexto pasa desapercibido, dejándonos sin esa revelación de Dios en el corazón.

Ponte a pensar por un instante, ¿cuántas personas, llámense pastores, ministros, líderes o servidores, están pasando por circunstancias en sus vidas que están más allá de su control?, y que, por esta causa, algunas quedaron en el camino, sin haber llegado al cumplimiento de su propósito, por no haber pedido ayuda a un mentor, y creyeron que esas pruebas eran fáciles de superar. Muchas personas van a necesitar de alguien que les dé una mano en su caminar diario. Debemos tener siempre en cuenta que Dios todo lo hace a través de un cuerpo físico, y que aquellas cosas que no se pueden controlar eventualmente terminarán siendo la destrucción para esa persona que no pidió ayuda. El Pastor Iván en este libro plasma su corazón, y brinda una guía práctica que le será de gran ayuda a todo pastor, ministro, líder o servidor durante su paso temporal en esta tierra. Les comparto una de las frases que más me impactó durante la lectura de este libro: "Uno de los retos que enfrentamos para ser libres de las opresiones emocionales es el manejo de nuestros pensamientos". Algo que es muy cierto, ya que todo en la vida comienza por un pensamiento.

Te invito a que te sumerjas en la lectura de cada página de este libro que estoy seguro de que te servirá de gran ayuda para tu vida ministerial y personal; asimismo, compártelo a otros.

Bendiciones, y recuerden que lo mejor de Dios está por venir a su vida.

Henry Patiño

Pastor Principal

Ministerio Casa Cristiana JWC, Kissimmee, Florida

¡Cuán necesario se ha convertido en nuestra sociedad estudiar estos temas a la luz de la Palabra de Dios! Es una realidad que, hoy más que nunca, debemos poder responder a cómo superar la ansiedad, los ataques de pánico, la depresión y las adicciones por tratarse de problemáticas a las que cualquier ser humano se puede enfrentar. Más que eso, debemos hacerlo de una manera responsable que nos permita unir la tricotomía de nuestro ser: cuerpo, alma y espíritu y así tener una perspectiva integral de estas condiciones que, al no ser tratadas, logran robar y destruir esa vida abundante por la que murió Jesús en la cruz del Calvario.

Amo encontrarme con ministros comprometidos en dar respuestas confiables y llenas de sabiduría a problemáticas inminentes de nuestra sociedad, y para mí es un honor conocer al Pastor Iván y su preciosa familia e iglesia.

Como pastora y psicóloga te recomiendo la lectura de este libro, ya sea porque estás enfrentando alguna de estas condiciones o porque quieras unirte al ejército de los que quieren ayudar a ser parte de las respuestas que necesitamos dar como Iglesia de Jesús.

¡Qué bello título: *Liberados*! Así nos creó y soñó nuestro Amado Dios.

Ana María Villegas
Pastora y Psicóloga con Maestría en Consejería
Iglesia Full Life, Miami, Florida

He tenido el privilegio de conocer el corazón y la pasión del Pastor Iván Irizarry, y puedo decir que este libro nace de la experiencia, la revelación y la compasión de un hombre que ha sido procesado por Dios. Liberados no es simplemente un libro más sobre ansiedad o depresión; es un manual espiritual que lleva al lector por un camino de restauración y libertad genuina, centrado en la obra completa de Jesucristo.

Cada capítulo refleja la voz de alguien que no solo predica sobre la libertad, sino que la ha vivido. Con sabiduría pastoral y sensibilidad humana, Iván nos recuerda que los creyentes no estamos exentos de luchas emocionales, pero sí tenemos acceso al poder que rompe toda cadena. A través de su testimonio y los principios bíblicos que comparte, este libro se convierte en una herramienta poderosa para todo aquel que anhela experimentar la vida abundante que Jesús prometió.

Recomiendo *Liberados* a toda persona que quiera ver la mano de Dios transformar su mente, sanar su corazón y restaurar su propósito. Es un libro que no solo se lee, sino que se vive. Al terminarlo, podrás haber experimentado la libertad que Jesús tiene para ti.

Pastor Pedro Villegas

Pastor fundador de la Iglesia Full Life, Miami, Florida

Dedicatoria

Dedico este libro a mi amada esposa Lydia y a mis hijos, Adrián y Victoria Irizarry, por su amor y su apoyo incondicional.

Contenido

Prólogo

Hay momentos en la vida en que el corazón se siente como un río desbordado, y la mente se convierte en un laberinto sin salida; como un cielo cargado de nubes que amenaza con desbordar lluvia y relámpagos sobre nuestro pecho. Jesús también conoció esa experiencia. En el huerto de Getsemaní, bajo la sombra del olivo y el peso de lo inevitable, el sudor mezclado con sangre, la angustia que oprime el corazón y la soledad que parece invadir cada fibra de su ser lo abrazaron con fuerza. Su súplica silenciosa —"Padre, si es posible, pase de mí esta copa; pero no se haga mi voluntad, sino la tuya" (Mateo 26:39)— nos revela que incluso el más santo de los hombres puede experimentar temor profundo y vulnerabilidad absoluta. Allí, en la intimidad de la oración, aprendemos que la verdadera fuerza no elimina el miedo, sino que surge cuando reconocemos nuestras emociones y las entregamos con fe a Dios, quien transforma la ansiedad en camino hacia la liberación.

Es desde este lugar de humanidad compartida que surge *Liberados*, un libro que no pretende dar respuestas superficiales ni fórmulas mágicas. Su autor, el pastor

Iván Irizarry, con valentía y transparencia, nos invita a recorrer un camino donde la fe y la ciencia se encuentran, donde la oración camina junto a la psicología, y donde la liberación emocional se construye con herramientas prácticas y principios bíblicos profundos. Como psicólogo cristiano que ha trabajado en la integración de la fe y la terapia, puedo afirmar que aquí encontramos un equilibrio vital: Dios nos llama a orar, a confiar y a esperar, pero también nos provee especialistas, remedios y sabiduría humana como canales de su misericordia.

El libro aborda con claridad los retos de nuestro tiempo: la ansiedad y el pánico que surgen desde lo cotidiano hasta las heridas más profundas del pasado o asuntos no resueltos, los cuestionamientos de fe que emergen cuando enfrentamos la fragilidad de nuestra mente y cuerpo, y la tensión entre creer que el sufrimiento es castigo divino, ataque del enemigo o manifestación física de nuestro estrés emocional. Nos recuerda que la sanidad no es un asunto de elegir entre Dios o la ciencia, sino de reconocer que Dios obra a través de ambas. Como Isaías instruyó a Ezequías a usar la pasta de higos para sanar (ver 2 Reyes 20:7), y como Jeremías anuncia sanidad y medicina (ver Jeremías 33:6), nuestra restauración puede llegar a través de medios humanos guiados por la sabiduría divina. Incluso la enseñanza del libro deuterocanónico Eclesiástico nos recuerda que el médico es un instrumento de Dios, y que respetar su ciencia es honrar su provisión.

A lo largo de estas páginas, sentirás que no estás solo. Cada capítulo es un puente que conecta el manejo terapéutico, la experiencia pastoral y la Escritura. Encontrarás estrategias para identificar detonantes, manejar ataques de pánico, comprender emociones y heridas, y aplicar principios bíblicos que fortalecen la mente y el corazón. Las herramientas ofrecidas no son solo teóricas; nacen de la práctica pastoral, del acompañamiento, de la evidencia en el tratamiento y de vidas transformadas que han encontrado paz en medio del caos emocional.

Liberados es más que un libro; es un compañero que camina contigo en los momentos donde el miedo y la ansiedad parecen invencibles. Te enseña a aceptar tu vulnerabilidad, a reconocer que la ayuda es un don, y a abrazar una libertad que no se limita a la ausencia de temor, sino que florece en la confianza profunda de que Dios está obrando a través de cada recurso que Él ha puesto a nuestro alcance: la oración, la comunidad, la sabiduría humana y la ciencia.

Que, al leer estas páginas, experimentes el abrazo de Dios en tu corazón y la claridad de su voz en tu mente. Que puedas, como Jesús en Getsemaní, rendirte con honestidad, recibir fortaleza y caminar hacia la libertad emocional, sostenido por la verdad de que la fe y la acción sabia pueden converger para traer sanidad completa.

Lcdo. José Efraín Rodríguez Agosto

MPsy, MFT, GCT, MBA, EMDR Trained

Sobre el autor del prólogo

El Psicólogo José Efraín Rodríguez Agosto es escritor y conferenciante apasionado por el alma humana y la experiencia cristiana. Su obra, Decidí ser padre: La honra de ser hombre fue galardonada con la Medalla de Oro del International Latino Book Award 2025, como el Mejor libro de *Parenting y Familia*, reconocimiento que celebra su mirada sensible sobre la paternidad, la masculinidad y la restauración interior. Ha sido profesor universitario en tres prestigiosas instituciones en Puerto Rico, y su voz ha inspirado a muchos a través de la radio, la prensa y la televisión, tanto a nivel nacional como internacional. Integra en su práctica la ciencia, la fe y la espiritualidad como un camino de sanidad integral, convencido de que Dios también actúa por medio de los saberes humanos y de la compasión que cura.

Introducción

Así que, si el Hijo os libertare, seréis verdaderamente libres.

–Juan 8:36

Como pastor he tenido la experiencia de ver a muchos cristianos sufriendo de ataques de pánico, ansiedad, depresión, luchando con heridas del pasado sin resolver, que afectan su vida integral. Su estado emocional no les permite disfrutar de la vida plena y abundante que podemos experimentar en nuestro Señor Jesucristo. Ver el sufrimiento de algunos creyentes que aman a Jesús y la impotencia de no poder salir de los ciclos de sufrimiento en su vida conmueven mi corazón porque esa no es la voluntad de Dios para sus vidas.

Como creyente he experimentado en el pasado situaciones que me agobiaron grandemente. Para ser libre de estas situaciones que me estaban quitando la paz y no me dejaban experimentar una vida en plenitud necesité aplicar algunos principios de la Palabra de Dios. En la búsqueda de la solución para mi ansiedad, ataques de pánico y tristeza, descubrí en la Palabra de Dios unas llaves y principios que me ayudaron a superar estas luchas mentales y ser libre de ellas totalmente.

Quiero compartir los recursos poderosos de la Palabra de Dios que me ayudaron a vencer estas luchas y salir victorioso. Estas experiencias del pasado me han motivado a pedirle sabiduría a Dios para ayudar a creyentes que están pasando por estos azotes emocionales que parecen no tener un final feliz. Todas las soluciones para la liberación y la sanidad del hombre física y emocionalmente se encuentran en Jesucristo. La Palabra dice en Isaías 53:5 que por sus llagas hemos sido curados. Esto también aplica a la sanidad emocional. En Jesucristo podemos experimentar la vida abundante que Él nos quiere dar.

El ladrón no viene sino para hurtar y matar y destruir; yo he venido para que tengan vida, y para que la tengan en abundancia.

–Juan 10:10

En el corazón de nuestro Padre Celestial está que nosotros podamos vivir una vida en plenitud y bendecida. El evangelio de Jesucristo son buenas noticias para la humanidad. Jesús vino a hacernos libres del pecado y de la miseria. En Él está la respuesta a todos nuestros problemas.

El Espíritu del Señor está sobre mí, por cuanto me ha ungido para dar buenas nuevas a los pobres; me ha enviado a sanar a los quebrantados de corazón; a pregonar libertad a los cautivos, y vista a los ciegos; a poner en libertad a los oprimidos; a predicar el año agradable del Señor.

–Lucas 4:18-19

Como hijos de Dios nacidos en Jesucristo tenemos el derecho legal de ser libres de los ataques de pánico, la ansiedad, la depresión y las heridas de nuestro pasado. En Dios está el poder por medio de Jesucristo para libertarnos y ser verdaderamente libres.

Esa es la voluntad de Dios para cada uno de nosotros. En este libro descubriremos principios bíblicos que te ayudarán a vivir una vida plena, y a enfrentar con gallardía las adversidades de este mundo. Debemos apropiarnos de la promesa de Jesucristo para cada uno de nosotros, experimentando la verdadera libertad.

Debes creer en tu corazón que esa es la voluntad de Dios para tu vida. Permite desde este momento que se active tu fe creyendo que Dios puede cambiar tu historia y que por medio de su Palabra y la intervención del Espíritu Santo puedes ser liberado de toda tormenta que estés experimentando.

En el corazón de Dios está que todo cristiano pueda vivir libre de todas aquellas cosas que los agobian y no los dejan experimentar la verdadera libertad que encontramos en Jesús. Hay muchos cristianos alrededor del mundo que viven engañados pensando que siempre vivirán en agonía. Se han acostumbrado a vivir en sufrimiento, sin propósito ni esperanza. Dios es tu padre y es un Padre bueno; Él te ama y quiere que seas feliz.

Permite desde este momento que se active tu fe, creyendo que Dios puede cambiar tu historia.

Vivimos en un mundo caído donde vamos a experimentar enfermedades, problemas económicos, familiares, ministeriales y hasta la pérdida de nuestros seres amados. Pero es importante señalar que para cada una de esas experiencias Jesús nos prometió estar con nosotros.

Estas cosas os he hablado para que en mí tengáis paz. En el mundo tendréis aflicción; pero confiad, yo he vencido al mun do.

–Juan 16:33

Experimentaremos aflicciones, pero en Jesucristo tenemos la promesa de que no estaremos solos en cada una de ellas. El que venció la muerte en la cruz del calvario estará con nosotros, nos acompañará y nunca estaremos solos. En Él tenemos la victoria; en Jesucristo somos más que vencedores.

No viniste a este mundo a sufrir, viniste a este mundo para cumplir el propósito que Dios ha determinado para tu vida antes de la fundación del mundo. Él ha preparado obras para ti que serán de bendición a otros y, por tanto, a ti.

Cuando disfrutas una vida en libertad, la plenitud de Dios en tu vida se manifestará de una manera tangible. Avanzarás, prosperarás y Dios estará de tu mano en toda tu vida. Podrás experimentar la liberación emocional y ver el sol brillar a tu favor. No tienes por qué vivir toda tu vida en depresión luchando con los ataques de pánico, en agonía, ni en tristeza.

Hay un camino de liberación que quiero compartir contigo. Con el poder y la gracia de un Dios bueno y amoroso pude salir airoso de todas aquellas cosas que no te dejan vivir la plenitud de Dios. Dios tiene en Jesucristo un futuro bueno para que vivas en libertad, en plenitud, disfrutando del amor de Dios manifestado en su hijo Jesucristo.

Ahora quiero que ores antes de continuar leyendo este libro. Abre tu corazón para que al terminar este libro puedas experimentar la libertad que Dios te quiere dar a través de los principios de su Palabra.

1
UN GIGANTE

Echando toda vuestra ansiedad sobre él, porque él tiene cuidado de vosotros.

-1 Pedro 5:7

Recién casado comencé a luchar con ansiedad y ataques de pánico, un asunto que nunca había experimentado. Eso comenzó a afectar todo mi entorno y no sabía a qué me estaba enfrentando; tampoco había podido identificar la fuente que lo provocaba. A mi entender todo estaba bien. Me había casado con Lydia, el amor de mi vida, una mujer con un gran corazón y muy hermosa. Ambos estábamos bien de salud, teníamos trabajo y cumplíamos con nuestras responsabilidades cotidianas.

En esa temporada de nuestras vidas no teníamos ningún tipo de problema que no pudiéramos resolver. Tampoco teníamos hijos, por tanto, no teníamos que lidiar con esa gran responsabilidad de cuidarlos hasta ese momento. En fin, disfrutábamos de una relación bastante saludable, no perfecta.

Lo más estresante que puedo recordar de mí en esa temporada era que Lydia y yo estábamos en el proceso de acoplarnos como pareja: dos personas que se amaban de todo corazón, pero criados con dos culturas distintas. Una presión que sí era estresante era mi trabajo. Las presiones que recibía provocaban en mí un poco de molestia, frustración, insatisfacción y desánimo. Durante años, lo aprendí a manejar. A pesar de esto, entendía que todo marchaba bien.

El gigante de la ansiedad

Todo comenzó a cambiar un día común y corriente que decidí hacer compras en el supermercado. Pensando en el trabajo y algunos asuntos que debía resolver me comencé a sentir mal, me faltaba el aire y me comenzó a doler el pecho. Sentía que algo no estaba bien. Me puse muy nervioso pensando que podía ser un ataque del corazón. Recuerdo que dejé la compra porque todavía no la había pagado y me fui al hospital pensando que me estaba pasando algo grave. Me atendieron e hicieron todos los estudios para descartar que fuera un ataque al corazón.

Para mi sorpresa todo estaba bien y el médico me dijo que esto podía suceder cuando las personas estaban experimentando altos niveles de estrés. Me recomendó buscar ayuda en un psicólogo o consejero que me pudiera ayudar a manejar lo que estaba experimentando. Yo entendí que no era necesario y que solo había sido un evento aislado. Tiempo después, en vez de mejorar esta situación, continué empeorando. Una noche estaba en mi casa durmiendo con mi esposa y me levanté después de la media noche con los mismos síntomas. Sin medir muchas palabras con mi esposa salí de la casa y me dirigí al hospital con miedo de morir. De nuevo me hicieron todos los estudios y todo salió bien.

En ese momento internalicé que estaba luchando con un gigante que no sabía cómo vencer. No quería visitar un psicólogo por prejuicios en mi mente, no quería tampoco terminar tomando medicamentos para la ansiedad. En mi conciencia sabía que de no poder superar esta situación tendría que ir a un profesional de la salud mental. Pero en ese momento decidí darme una oportunidad y permitir que Dios obrara en mí, esperando un milagro de sanidad emocional.

Desde ese momento comenzó una lucha en mi mente. Venían a mi mente diferentes pensamientos negativos sobre mi salud mental, porque mi madre había padecido de los nervios desde que yo era muy pequeño, a tal punto que tuvieron que hospitalizarla en varias ocasiones. Esto me llevó a pensar que podía ser algo hereditario. Es importante señalar que debemos tener mucho cuidado cuando estamos pasando por un momento de debilidad emocional. El enemigo se aprovecha de esos momentos para poner en nuestra mente malos pensamientos con el propósito de controlarnos y provocar que desconfiemos del cuidado de Dios para con nosotros.

Al comenzar a experimentar algo nuevo en mi vida, literalmente comencé una guerra con un gigante que no podía ver y tenía nombre: ataques de pánico y ansiedad. Comencé a luchar con muchos pensamientos negativos que me llevaban a experimentar mucho temor. El joven seguro de sí mismo, fuerte y atrevido se comenzó a sentir vulnerable. La pregunta era ¿cómo enfrentaba este gigante que me estaba quitando la paz y no podía vivir la vida plena que Jesús me quería dar?

Lo primero que hice fue identificar que no tenía una condición de salud, que era una lucha emocional y mental de la que el enemigo se estaba aprovechando para infundir temor. En ese momento me llené de mucho coraje y decidí enfrentar este gigante que me estaba agobiando. Recordé una historia que de muy pequeño aprendí en las clases bíblicas de la iglesia y es la historia de David y Goliat. En esta historia hay unos detalles importantes que quiero que tomemos en consideración, que nos ayudarán a enfrentar los gigantes de nuestra vida.

David fue a llevarle comida a sus hermanos que estaban en el frente de guerra. En ese momento se percató de que había un gigante amedrentando al ejército del pueblo de Israel y esto le causó mucha indignación y mucha molestia; lo llevó a ofrecerse para pelear contra el gigante. El primer punto que quiero señalar es que cuando estamos enfrentando un problema emocional nos debemos indignar y no aceptar que ese problema nos limite de vivir una vida plena y llena de bendición. David solo era un joven, no tenía experiencia militar y es muy posible que como todos los seres humanos hubiera experimentado algún tipo de temor, pero ese temor no lo paralizó. La pregunta es ¿por qué?

Lo segundo de lo que nos podemos percatar es que David tenía una certeza de que Dios estaba con Él. Amado lector, quizás has escuchado en muchas ocasiones que Dios está contigo y lo puedes entender intelectualmente, pero eso no es suficiente, necesitas entenderlo en tu corazón. Cuando lo entiendes en tu cuerpo, alma y espíritu, todo comienza a cambiar y llega una gran convicción tan fuerte y real que, aunque estés pasando por la situación más difícil en tu interior, hay una convicción de que Dios te sostendrá. Por tanto, comienzas a experimentar la paz de Dios que sobrepasa todo entendimiento, la cual se manifestará en tu corazón. Esa paz solo se puede manifestar en tu vida cuando intencionalmente pones a Jesucristo como el centro de toda tu vida.

Hay personas que han experimentado una relación con Dios a través de una experiencia religiosa. Para poder vencer cualquier tipo de lucha necesitas pasar de una experiencia religiosa a una relación de intimidad con Jesús. De esta manera podrás experimentar a Dios como tu padre, protector y que te da la capacidad sobrenatural para enfrentar cualquier tipo de adversidad. Cuando el ser humano comienza a experimentar una relación de intimidad con Dios a través de su hijo, Jesús nos da la capacidad de vencer los gigantes que enfrentemos y no ser destruidos por ellos. El hecho de que Jesucristo está con nosotros implica que no pelearemos con nuestras fuerzas, sabiduría y estrategias. Lo haremos a la manera de Dios, sabiendo de antemano que tendremos la victoria.

Para poder vencer cualquier tipo de lucha, necesitas pasar de una experiencia religiosa, a una relación de intimidad con Jesús.

Lo tercero de lo que nos percatamos en el enfrentamiento entre David y Goliat fue que antes de enfrentar al gigante, el Rey Saúl le puso su armadura. Dice la Palabra que David echó de sí esas cosas, tomó su cayado en su mano, escogió cinco piedras lisas del arroyo, y las puso en el saco pastoril. David entendió que le era incómoda esa armadura y que no podría luchar con ella.

En ocasiones el mundo nos quiere decir cómo debemos enfrentar a nuestros enemigos espirituales y emocionales para salir airosos de las crisis que enfrentamos. Es importante señalar que la primera arteria para todas las crisis que enfrentemos debe ser los principios de la Palabra de Dios, que nos ayudarán a vencer cada gigante que enfrentemos en las diferentes temporadas de nuestra vida.

En mi experiencia como pastor, he visto a muchos creyentes usando como primera alternativa auto medicarse y acudir a los profesionales de la salud mental sin considerar que Dios puede ser su primera alternativa. Hay algunos que han sido tan bendecidos, que acuden a psicólogos cristianos llenos del conocimiento de la Palabra de Dios, quienes son entendidos en poner a Dios como primera alternativa. He escuchado de casos donde cristianos fueron a atenderse con algún profesional de la salud no creyente y les aconsejó que dejaran de ir a la iglesia. Por esta razón es muy importante a cuál profesional de la salud mental acuden las personas.

Una relación de intimidad con Jesús

Todo cristiano en sus luchas emocionales debe poner en primer lugar a Dios; de esta manera tendrá las herramientas espirituales que le ayudarán a vencer los grandes gigantes. Quizás el mundo tilda de ignorantes a los creyentes cuando afirman que ellos pueden ser liberados de depresión, ataques de pánico, ansiedad o algún tipo de enfermedad mental, sin medicamentos. Quiero decirte que le servimos a un Dios que puede sanarnos de cualquier tipo de enfermedad física y emocional.

En la Escritura podemos ver cómo Jesús sanó lunáticos, liberó endemoniados, sanó a los leprosos, dio vista a los ciegos, y levantó a Lázaro de la tumba. Al Jesús que le hemos entregado nuestra vida tiene el poder para hacerte libre. Con esta afirmación no quiero descartar la ayuda de un profesional de la salud ni tampoco estoy incitando a que si estás en un tratamiento con un profesional de la salud mental dejes los medicamentos sin su monitoreo. Pero creo firmemente que Dios puede hacer un milagro en ti.

He escuchado testimonios reales de personas que tomaban medicamentos para una condición de un trastorno emocional y con el monitoreo de su psicólogo y psiquiatra los dejaron gracias a nuestro Padre Celestial. En esto tenemos que ser responsables y les cuento por qué. Hace unos años nos llegaron unos feligreses que tenían problemas en su hogar. Ellos habían venido de otra congregación buscando ayuda porque entendían que en su congregación pasada no les estaban ayudando en sus situaciones particulares.

Uno de los problemas que descubrí es que la mujer era paciente de salud mental por muchos años y su pasada pastora le recomendó que dejara los medicamentos porque eso era del diablo y que ella tenía que moverse en fe. Esta mujer le hizo caso a su líder espiritual y su estado mental se deterioró grandemente a tal punto de provocar en su matrimonio situaciones muy lamentables.

Como pastor responsable y teniendo un poco de conocimiento del asunto, intervine como autoridad espiritual y le expliqué que el tomar sus medicamentos no era falta de fe ni era algo diabólico como le hicieron pensar. Le recomendé volver a su psicólogo y psiquiatra y que les explicara a ellos lo que estaba sucediendo. Después de unas semanas mi esposa y yo nos volvimos a reunir con esta pareja, y los vimos muy contentos y agradecidos porque todo había vuelto a la normalidad. Habían tomado mis recomendaciones de volver a los profesionales de la salud y a su tratamiento. Todo poco a poco fue volviendo a la normalidad. Los seguimos atendiendo en asesoría espiritual y pudimos ver unos cambios positivos en ellos.

Esta historia que les conté no es para minimizar el poder de Jesucristo; Él puede hacer cualquier tipo de milagro; no hay nada imposible para Él. Esto es un ejemplo de que Dios no trabaja con todas las personas de la misma manera ni al mismo tiempo, como lo he aprendido en mi experiencia espiritual y pastoral.

Dios puede utilizar a un profesional de la salud mental para ser parte de la ayuda para que una persona obtenga la libertad que Dios le quiere dar. Conozco psicólogos y psiquiatras cristianos muy buenos que pueden ayudar en el proceso de que una persona sea liberada. Pero es importante puntualizar que los médicos no tienen el poder sanador como nuestro Señor Jesucristo; la Medicina tiene sus límites. Cuando la Medicina no puede hacer nada, ahí es que aparece en la escena el que venció la muerte y resucitó al tercer día entre los muertos: Jesucristo, el hijo de Dios. Nuestra primera alternativa debe ser Jesús. En Jesús se encuentra todo el poder para liberar a los cautivos.

Dios no trabaja con todas las personas de la misma manera ni al mismo tiempo.

David no usó la armadura que le quiso poner el Rey Saúl porque le quedaba muy grande e incómoda. En la sociedad que vivimos nos van a hacer diferentes ofertas para que hagamos las cosas a su manera y obviemos lo que nos enseña la Palabra de Dios. El espíritu de este mundo quiere que luchemos con sus estrategias, sabiduría y recursos para solucionar nuestros problemas, menospreciando el poder que se encuentra en Jesús.

David enfrentó al gigante Goliat con una honda y unas piedras, sobre todo mucha fe y confianza que en el nombre del Dios de Israel lo podía vencer. Nosotros los creyentes debemos enfrentar los gigantes que nos atacan como la ansiedad, ataques de pánico, tristeza, amargura y depresión, poniendo toda nuestra fe y confianza en nuestro Señor y Salvador Jesucristo. Su poder va por encima de toda estrategia y sabiduría humanas; en Jesucristo podemos encontrar una verdadera libertad.

Así que, si el Hijo os libertare, seréis verdaderamente libres.
-Juan 8:36

En este versículo se encuentra la voluntad de Dios para sus hijos. Nosotros no nacimos para ser esclavos del temor y vivir angustiados. No nacimos para ser manipulados por ataques de pánico, ansiedad y depresión. En Jesucristo está el poder para hacernos libres de todas aquellas cosas que nos quieren agobiar. Cuando los cristianos entendemos la intención de Dios y creemos que Él nos puede libertar, nuestra fe aumenta y en su nombre podremos derribar los gigantes que enfrentaremos durante toda nuestra vida. En Jesús hay esperanza, fuerza y un poder sobrenatural para enfrentar con gallardía los gigantes que parecen ser poderosos, nos agobian y nos quieren quitar la paz.

En mi vida he tenido que enfrentar muchos gigantes que he podido vencer de la mano de Jesús. No obstante, cuando comencé a luchar con la ansiedad y los ataques de pánico era algo nuevo que no había experimentado. En este proceso tuve que aprender a confiar y descansar en Jesús. En ocasiones se nos hace fácil aconsejar a otros, pero cuando nos toca a nosotros vivir la situación no es tan fácil. Para vencer los ataques de pánico tuve que pasar a otro nivel de fe; tuve que enfrentar mis temores.

No nacimos para ser manipulados por ataques de pánico, ansiedad y depresión.

En la historia de David podemos ver que él tuvo que enfrentar sus temores antes de enfrentar a Goliat. Él ya estaba entrenado. Dice la Palabra que él había vencido a leones y a osos para cuidar las ovejas de su padre. Esto lo ayudó y lo preparó para enfrentar el gigante Goliat. Los hijos de Dios tenemos su Espíritu dentro de nosotros; Él nos da su poder para vencer todo obstáculo. La Palabra dice que Dios no nos ha dado espíritu de cobardía, sino de poder, de amor y de dominio propio (ver 2 Timoteo 1:7).

El poder es la capacidad sobrenatural que Dios ha puesto en nuestro interior a través del Espíritu Santo para salir vencedores en medio de las aflicciones que enfrentemos.

El amor nos ayuda a confiar en un Padre Celestial que tiene cuidado de nosotros sus hijos. Su paternidad es nuestra cobertura y nos da seguridad de que Él está en control de todas las cosas. Dios es un Padre bueno que no nos abandona, su amor es la muestra de su compañía en todos los procesos de nuestra vida.

El dominio propio nos ayuda a tener control de nuestras emociones y sentimientos que nos puedan agobiar.

Utilizar las herramientas bíblicas nos ayuda a vencer los gigantes que estemos enfrentando, pero es importante mantenernos conectados con nuestro Padre Celestial a través de Jesucristo.

Debemos pedirle al Espíritu Santo que nos ayude con los pensamientos negativos que vienen a nuestra mente, que en muchas ocasiones nos hacen ver los problemas más grandes de lo que en realidad son. Satanás es experto en amplificar las adversidades que todos pasamos, con el propósito de destruirnos. La mayoría de los malos pensamientos que llegan a tu mente no se convierten en una realidad, solo son una ilusión mental.

En la historia de David y Goliat pudimos ver que el ejército de Israel estaba intimidado porque estaban viendo el gigante más poderoso que su Dios. En cambio, David lo enfrentó porque estaba viendo a su Dios más poderoso y grande que el gigante que enfrentaría. Por esta razón salió victorioso en contra del gigante Goliat. No se trata de tus fuerzas, recursos y posición. David fue un joven marginado por su familia, menospreciado por sus hermanos, un simple pastor de oveja que le estaba creyendo a un Dios grande.

Tu Dios es más poderoso que cualquier gigante. ¡Cree!

Es tiempo de que comiences a creer que tu Dios es más poderoso y grande que el gigante, y que podrás vencer la ansiedad, la depresión y los ataques de pánico. Serás libre. No te resignes a que toda tu vida estarás angustiado y sometido a este gigante que no te deja vivir la vida plena y abundante que Dios te quiere dar.

Dios tiene grandes propósitos con tu vida. Él tiene planes de bien, no de mal, para que tengas un futuro y una esperanza (ver Jeremías 29:11). Debes entender que Jesucristo está de tu lado; no creas las mentiras del enemigo. Si le crees a sus mentiras, serás esclavo de ellas. Dios tiene un plan para tu vida. Entenderlo te da propósito y destino. No naciste en este mundo para sufrir; hay un plan mayor para tu vida. Si crees en tu corazón que Dios te puede libertar, eso es lo que sucederá. Yo lo experimenté en mi vida. Si Dios lo hizo conmigo, lo puede hacer contigo.

Creo de todo corazón que Dios puede hacerte libre y prosperar tu vida. Sé que tendrás un gran testimonio para contar a otros. Dios te utilizará para que otros puedan experimentar la libertad que has de recibir en Jesucristo. ¿Lo crees? Yo lo creo; Dios te va a restaurar. Hay un camino de liberación para tu vida que te llevará a disfrutar una vida plena.

2
RENUEVA TU MENTE

Y renovaos en el espíritu de vuestra mente, y vestíos del nuevo hombre, creado según Dios en la justicia y santidad de la verdad.

-Efesios 4:23-24

Muchas personas quieren ser libres de aquellas cosas que les agobian en su vida, pero quieren seguir pensando, analizando y actuando de la misma manera que los ha llevado a vivir las crisis que están enfrentando. Hacer las mismas cosas y esperar resultados distintos es locura. No podemos ser liberados de aquellas cosas que nos agobian si no renovamos nuestra manera de pensar.

La renovación mental es un proceso que se debe llevar a cabo intencionalmente. Debemos desechar aquellos pensamientos y actitudes que nos han llevado a experimentar una devastación emocional. Hay un principio que quiero que internalices y utilices como una verdad liberadora. Hay asuntos que le toca a Dios resolver y encargarse de nuestra vida, pero hay otros asuntos que nos tocan a nosotros. Muchos cristianos no pueden diferenciar cuáles asuntos les toca a ellos resolver y cuáles le tocan a Dios. Lo que sí debo puntualizar es que Dios hará su parte para bendecirnos, pero nosotros debemos hacer nuestra parte.

Quiero darte algunos ejemplos prácticos para que puedas entender este principio. Dios te provee un trabajo para el sustento de tu familia; esa es la parte de Dios. La parte tuya es ser el mejor empleado que ha contratado la compañía donde trabajas; de esta manera retendrás tu trabajo. Si Dios te consigue el trabajo y tú lo pierdes por ser perezoso, el problema no es Dios; eres tú. Igual sucede con la renovación de nuestros pensamientos; si queremos ser liberados, debemos hacer la parte que nos corresponde. Si acudes a un psicólogo, psiquiatra, consejero o una asesoría espiritual, escucharás las recomendaciones y las acciones que debes tomar.

Hay asuntos que le toca a Dios resolver y encargarse de nuestra vida, pero hay otros asuntos que nos tocan a nosotros.

Si sales de la oficina, omites las recomendaciones sugeridas y continúas pensando, analizando y actuando como siempre, has perdido el tiempo buscando ayuda. De igual manera nos puede suceder cuando leemos las escrituras. Hay personas que leen la Biblia, saben los fundamentos principales de ella, pero en su vida diaria no aplican lo que han aprendido y esto provocará que no haya cambios en su vida. Vas a la iglesia, escuchas un tremendo mensaje dirigido por el Espíritu Santo, sales emocionado de la iglesia reconociendo que Dios habló a tu vida, pero cuando te toca aplicar la Palabra que recibiste, no tomas acción para ejecutar los cambios necesarios para que tu vida sea transformada. La fe se divide en dos partes: creer y obrar. Jesús nos enseña:

Jesús le dijo: Si puedes creer, al que cree todo le es posible.

-Marcos 9:23

La fe se divide en dos partes: creer y obrar.

Jesús nos enseñó la importancia de creer y tener fe en Él. Esta es la primera parte para ver cambios en nuestra vida y ser libres de aquellas cosas que nos están agobiando. Debemos creer en Jesús y en todas sus promesas para cada uno de nosotros.

La segunda parte va ligada a esta primera de creer y tener fe. La segunda parte se encuentra en el libro de Santiago.

Así también la fe, si no tiene obras, es muerta en sí misma.
-Santiago 2:17

Si nuestra fe y nuestras obras no van de la mano, no podremos ver cambios en nuestra vida.

Nuestra acción para la renovación de nuestra mente está ligada a estos dos principios que van de la mano: creer y obrar. Si omitimos uno de estos dos principios que trabajan juntos, nuestra mente no será renovada y atrasaremos el proceso de la liberación de aquellas cosas que nos están agobiando. Debemos ser proactivos e intencionales en la renovación de nuestra mente.

Si nuestra fe y nuestras obras no van de la mano, no podremos ver cambios en nuestra vida.

Quiero comparar la renovación de nuestra mente, y los malos pensamientos que nos pueden llevar a una crisis emocional, con la remodelación de una casa. Lo primero que se debe hacer para remodelar una casa es hacer un plano de los cambios que deseamos hacer y ver la finalidad del proyecto en una maqueta digital o una física. Esto nos dará una perspectiva concreta de lo que queremos en la remodelación de nuestra casa. Después de esta etapa viene la demolición de la casa. Cuando la casa es demolida, comienza la construcción de la remodelación.

De igual manera deben comenzar los procesos en la renovación de nuestra mente. Debemos hacer un plano mental de qué queremos para nuestra vida y cuáles son nuestras metas en el ámbito espiritual y emocional. Quiero indicarte que nuestro estado emocional es producto de nuestra salud espiritual. Vivimos en un mundo muy contaminado espiritualmente donde los factores de crianza y la sociedad que nos rodea aportan a nuestro deterioro espiritual y esto se verá reflejado en nuestro estado emocional.

La raíz de los traumas

Hace un tiempo atrás mi amada esposa estaba hablando con mi hijo Adrián, quien le preguntó por qué la mayoría de las personas tenían traumas y se sentían mal de alguna manera. Le dijo que él no entendía, porque él no tenía ningún trauma del pasado, que se había criado en una familia saludable donde ha sido feliz. Mi hijo le expresó que ver a las personas así le asustaba un poco, porque temía que en un futuro le pasara algo que lo podría llevar a pensar como ellos.

Mi esposa le continuó explicando que no todas las personas fueron criadas como él; que no todos tuvieron la oportunidad de nacer en hogares cristianos y saludables; que muchas personas fueron afectadas emocional y espiritualmente por el ambiente donde fueron criados y por esta razón muchos fueron afectados espiritual y emocionalmente. Es importante entender que las raíces de un declive emocional vienen de asuntos espirituales. Debido a no guiarnos por los principios de la Palabra de Dios nuestra familia puede experimentar mucho dolor a tal punto que pueden ser afectados emocionalmente. Es muy diferente cuando practicamos los principios de la Palabra de Dios como lo es el fruto del Espíritu Santo y sus manifestaciones que nos habla Gálatas 5:22-23:

Mas el fruto del Espíritu es amor, gozo, paz, paciencia, benignidad, bondad, fe, mansedumbre, templanza; contra tales cosas no hay ley.

Aplicando estos principios en nuestra vida de familia podemos disfrutar de una familia sana y saludable donde el amor de Dios toma control de nosotros y nuestros hijos y próximas generaciones serán sanos emocionalmente. Este no es el caso de la gran mayoría de las personas. La mayoría de las personas se han criado en ambientes hostiles que son un terreno fértil para su deterioro emocional. Los traumas de su niñez los pueden estar afectando de una manera consciente e inconsciente.

Ejemplos de esto pueden ser el divorcio de los padres, vivir con un padre abusivo, una madre que los abandonó, no recibir el afecto emocional que un niño necesita, una violación, o la muerte prematura de alguno de sus padres. Todos estos son terrenos fértiles para que el estado espiritual y emocional de una persona sea afectado. Las experiencias negativas vividas afectan directa e indirectamente nuestra manera de pensar. Por esta razón los seres humanos que hemos pasado por algún tipo de trauma en alguna etapa de nuestra vida necesitamos pasar por el proceso de renovar nuestra mente.

Y renovaos en el espíritu de vuestra mente, 24 y vestíos del nuevo hombre, creado según Dios en la justicia y santidad de la verdad.

-Efesios 4:23-24

El camino para renovar tu mente

El proceso de renovar la mente es parecido a la remodelación de una casa, como mencioné antes.

1. Debemos hacer un plano mental de qué esperamos de nuestra vida espiritual y emocional. Por ejemplo: "Quiero ser fuerte para enfrentar las adversidades de la vida como enfermedades, problemas en el trabajo, situaciones económicas, familiares, la pérdida de un ser amado". Estas cosas mencionadas son causas para que algunas personas caigan en crisis emocionales. Por esta razón debemos prepararnos espiritual y emocionalmente para enfrentar estas situaciones de vida. Recuerda que vivimos en un mundo caído que no es perfecto y tendremos que enfrentar diversas aflicciones.

2. Para renovar nuestra mente debemos desechar el dolor, la formación y la mentalidad de nuestra vieja naturaleza. Necesitas destruir todas aquellas cosas que te han hecho sufrir y te han llevado a deprimirte, sentirte ansioso y experimentar ataques de pánico. Desecha de tu vida la amargura, el rencor, odio, la falta de perdón, pensamientos de venganza, el temor a morir, todo aquello que te aleja de la voluntad de Dios. Debes ser intencional en morir a tu pasado y lo que está provocando en tu presente; el malestar que no te permite vivir la vida de bendición que Dios te quiere dar.

Cambiar todos esos pensamientos por los principios de la Palabra de Dios que está llena de múltiples promesas provocará que nosotros nos podamos vestir del nuevo hombre, dejando en el pasado aquellas cosas que no nos dejan avanzar en la sanidad emocional.

Desecha de tu vida la amargura, el rencor, el odio, la falta de perdón, pensamientos de venganza, el temor a morir y todo aquello que te aleja de la voluntad de Dios.

Es sumamente importante estar conectados a nuestro Padre Celestial por medio de Jesucristo, el cual nos dará la capacidad para superar cualquier tipo de aflicción. Debemos poner toda nuestra confianza en Él. Cuando nuestra mente es transformada por el poder de la Palabra de Dios, surge un deseo intenso en nuestro corazón de ser buenos padres, amigos, hijos, trabajadores, empresario, ministros, con el deseo de ser de bendición a los que están a nuestro alrededor. Nuestra cosmovisión cambia y deseamos disfrutar con nuestra familia, amigos, deportes, pasatiempo favorito y gozarnos las grandes bendiciones que Dios nos está dando.

Este es el plano que debes desear para tu vida. Dios no te trajo al mundo para sufrir, sino para ser parte de un plan eterno. Muchos han creído la mentira de que vinieron a este mundo a sufrir. Ellos llegaron a esta conclusión por las malas experiencias que han tenido. Por esta razón es tan importante renovar nuestra mente y entender que aun nuestras malas experiencias pueden tornarse para bien para los que son hijos de Dios, como nos enseñó el apóstol Pablo en Romanos 8:28:

Y sabemos que a los que aman a Dios, todas las cosas les ayudan a bien, esto es, a los que conforme a su propósito s on llamados.

A pesar de las adversidades que hayas pasado, Dios quiere tornar todas tus derrotas en bendición. Y tus aflicciones superadas serán de bendición para la vida de alguien más. Debes comprender que Dios desea darte una vida abundante y plena donde puedas ser libre de los ataques emocionales que estás enfrentando. Hay un camino de liberación que Dios ha preparado para ti por medio de Jesucristo. Ahora debes creerlo y moverte en fe de que podrás ser liberado de esos ataques emocionales que te están afectando.

3. Después de destruir, desechar, y renovar tu pasada manera de pensar, debes aplicar la ley de la sustitución que se encuentra en Filipenses 4:8:

Por lo demás, hermanos, todo lo que es verdadero, todo lo honesto, todo lo justo, todo lo puro, todo lo amable, todo lo que es de buen nombre; si hay virtud alguna, si algo digno d e alabanza, en esto pensad.

El Apóstol Pablo nos está invitando a pensar en todas las bendiciones de Dios para cada uno de nosotros. Cuando vengan a tu mente pensamientos negativos debes sustituirlos por las promesas de Dios para tu vida. Nosotros los seres humanos vivimos en un mundo caído donde nos expondremos a información que puede contaminar nuestra mente y, por lo tanto, puede afectar nuestra vida emocional.

4. Escoge lo que escuchas. Es cierto que todo lo que oyes se te añade. Por esta razón debemos ser selectivos con la información que estamos escuchando día a día.

Hay personas que tienen el mal hábito de pasarse escuchando los noticieros locales e internacionales todo el día. Cuando no están viendo los noticieros están conectados a las redes sociales, y mucha de la información que se expone en estas plataformas es negativa. Toda esta información puede deteriorar nuestro estado emocional. Lo más triste de esto es que cuando uno le aconseja a las personas que no se expongan a este tipo de información que muchas veces tiene la intención de desestabilizar una sociedad, no te hacen caso. No seas ese tipo de persona.

Si vas a un profesional de la salud mental o tienes una asesoría espiritual, escucha y aplica aquellas cosas que van a atraer bendición a tu vida. Recuerda que para ser liberado de las luchas emocionales debes renovar tu mente. Hacer las mismas cosas y esperar resultados distintos es una locura. Para renovar nuestra mente debemos estar muy pendientes de a cuál información nos estamos exponiendo.

Debemos crear un ambiente intencional con el propósito de alimentar nuestra área emocional correctamente, e invertir nuestro tiempo en aquellas cosas que nos producen paz y estabilidad emocional. Ejemplo de esto es congregarnos en una iglesia saludable basada en los principios de la Palabra de Dios, meditar en la Escritura y llevar una vida de oración. Esto producirá una estabilidad emocional y podrás ser libre de aquellas cosas que te puedan estar agobiando.

Para renovar nuestra mente necesitamos trabajar con nuestros pensamientos. Meditar en la Palabra de Dios es la herramienta más poderosa que existen para transformar nuestra mente.

¡Oh, cuánto amo tus enseñanzas!
Pienso en ellas todo el día.
Tus mandatos me hacen más sabio que mis enemigos,
pues me guían constantemente.
Así es, tengo mejor percepción que mis maestros,
porque siempre pienso en tus leyes.
Hasta soy más sabio que los ancianos,
porque he obedecido tus mandamientos.
Me negué a andar por cualquier mal camino,
a fin de permanecer obediente a tu palabra.
No me he apartado de tus ordenanzas,

porque me has enseñado bien.
¡Qué dulces son a mi paladar tus palabras!
Son más dulces que la miel.

-Salmos 119:97-103 (NTV)

Meditar en las promesas de Dios y alejarnos de todas aquellas fuentes que no aportan a nuestra transformación mental, provocará una estabilidad emocional y nos ayudará a ser libres de todas aquellas cosas que nos puedan afectar. Debemos añadir a esta práctica tan importante para nuestra vida espiritual y emocional, otros elementos que nos ayudarán a nuestra estabilidad emocional. En nuestra vida diaria recibimos muchas presiones, por tanto...

5. Debemos buscar recursos que nos ayuden a desconectarnos y que aporten a nuestra tranquilidad emocional, como, por ejemplo:

- Irnos a un lugar donde podamos tener contacto con la naturaleza que Dios ha creado para nuestro disfrute.

- Ir a un lugar de silencio donde nos despejemos y podamos salir de la rutina y el estrés diario.

- Buscar actividades que disfrutemos y no tengan que ver con nada electrónico, sino que nos desintoxiquemos de toda información que no aporte a nuestra paz y al crecimiento espiritual y emocional que necesitamos para enfrentar las dificultades de nuestra vida.

- Realizar una actividad como un deporte que disfrutemos para reiniciar nuestra mente igual que se reinicia una computadora.

Descontaminarnos de la información a la que nos exponemos diariamente y las situaciones que tenemos que enfrentar nos ayudará al fortalecimiento de nuestra vida espiritual y emocional, y provocará que podamos mantener una salud integral saludable.

6. Dedica momentos de soledad con Dios. En la Biblia podemos ver cómo Dios provocó intencionalmente aislar a algunos hombres que Él había escogido para una misión en particular con el propósito de trabajar en su corazón, y que ellos pudieran conocerle más íntimamente y conocerse ellos mismos. Muchas personas no pueden soportar la soledad, pero por un tiempo temporero la soledad es saludable para hacer una introspección de nuestra vida, de dónde vengo y hacia dónde voy, a qué Dios me llamó y si estoy cumpliendo con mi asignación de vida; qué cosas he hecho mal y cómo las puedo mejorar. La soledad con Dios puede ser un lugar de crecimiento y restauración donde Él nos preparará para bendecir a otros y ser bendecidos.

Quiero traerte algunos ejemplos bíblicos. Moisés fue escogido por Dios para ser el libertador del pueblo de

Israel que estaba siendo oprimido por los egipcios. Durante 40 años Moisés se crió en el palacio de los egipcios como un príncipe, con todos los privilegios de un hijo de un rey. Era un lugar lleno de lujos avanzado en la educación, arquitectura, medicina para ese entonces. Egipto era la nación más poderosa de toda la tierra y él estaba en un lugar privilegiado por ser criado por la hija de Faraón.

Moisés era parte de la familia real, rodeado de mucho *glamur,* atención y a la misma vez, con demasiado ruido. Para Dios usarlo necesitaba sacarlo de ese entorno porque en ese entorno fue que él, queriendo libertar a su verdadero pueblo que estaban oprimiendo, decidió tomar la justicia en sus manos y mató a un egipcio. Eso provocó que terminara huyendo del palacio.

Dios tomó su error para procesarlo y prepararlo para su llamado. El mecanismo que Dios usó para transformar la vida de Moisés fue separarlo de todo el ruido de la ciudad en un desierto durante cuarenta años. Muchas personas le tienen miedo a la soledad, pero la soledad es un ambiente propicio para encontrarnos con Dios y sanar nuestras heridas.

Como creyentes debemos ser intencionales en sacar un tiempo donde busquemos desconectarnos de todos los ruidos de la sociedad, y lo utilicemos para orar y leer la Palabra de Dios. Esto nos ayudará a conectarnos con Dios, que es la fuente más poderosa para nuestra liberación emocional.

Otro ejemplo fue el de Jesús, el hijo de Dios. Antes de Jesús comenzar su ministerio Dios lo llevó al desierto durante cuarenta días, donde Él estuvo en ayuno y oración. El propósito principal de este retiro fue preparar a Jesús para el ministerio que habría de comenzar. Dios lo llevó a un lugar solitario para encontrarse con Él y que Jesús pudiera meditar en su misión para este mundo. Después de Jesús estar en el desierto en soledad por cuarenta días, dice la Palabra que vino el tentador. El tentador puso a prueba su preparación. Lo primero que el enemigo quiso atacar de Jesús fue su identidad como hijo. Le dijo, "*si eres hijo de Dios, di que estas piedras se conviertan en pan*" (Ver Mateo 4:3). La primera tentación no tuvo que ver con comida, tuvo que ver con identidad. Jesús ya estaba listo para vencer esta tentación porque la soledad en el desierto lo ayudó a tener una intimidad profunda con su Padre.

Por tanto, Él sabía quién era y estaba preparado para enfrentar todos los ataques que tendría que enfrentar en su ministerio. Este es un gran ejemplo de los beneficios de desconectarnos del ruido de nuestro diario vivir y sacar un día de la semana para meditar en Dios y pasar un día relajado y tranquilo, para renovar nuestras fuerzas y prepararnos para continuar con nuestras responsabilidades de vida.

Mi recomendación es que en ese día evites las noticias, las redes sociales, los juegos electrónicos, películas, y series. Usa este tiempo como un momento de crecimiento espiritual y emocional donde puedas estar en un entorno de paz con el propósito de renovar tus fuerzas.

Este tiempo de soledad es formidable para aplicar la ley de la sustitución en tu vida. Recuerda pensar en todo lo bueno, en todo lo amable, si hay virtud alguna, si algo digno de alabanza, en esto pensad (Ver Filipenses 4:8). Meditar en las promesas de Dios y cambiar los pensamientos que nos oprimen por pensamientos que nos edifican nos ayudará en el proceso de renovar nuestra mente.

7. Escojamos correctamente las personas que están cerca de nuestro entorno. Deben ser personas que nos añadan y no nos quiten, sino que nos aporten crecimiento espiritual y emocional. Este es uno de los aspectos importantes en la renovación de nuestra mente. Para que nuestra mente pueda renovarse correctamente debemos tener mucho cuidado con las personas que nos rodean y las que permitimos que sean influyentes en nosotros.

Hay personas cuya amistad no nos conviene. De esta manera debemos decidir a quién permitimos ser influyentes en nuestras vidas. Las personas negativas con falta de fe y esperanza debes mantenerlas lo más distante posible. Personas que ven una crisis en todo, que son imanes de los problemas; estas personas no sumarán a tu paz y a tu fortalecimiento emocional. Por esta razón es que la Palabra nos enseña a no hacer yugo desigual.

Las personas que tenemos cerca nos pueden hacer crecer, pero también nos pueden destruir. Nuestro medio ambiente es un factor muy importante para desarrollar una mentalidad fuerte que nos llevará a disfrutar de una vida plena y abundante.

Hay personas que identifico como los "chupa energías". Son como las lapas que le chupan la sangre y se alimentan de los animales. Estas personas no te chupan la sangre, pero te chupan el gozo, la esperanza y la paz. Este tipo de personas no pueden pertenecer a nuestro núcleo íntimo ni cercano.

Estas son algunas características de estas personas, para que las puedas identificar y alejarte de ellas:

- Les ven el lado negativo a todas las cosas.
- Se pasan hablando de malas noticias.
- Les gusta resaltar el mal ajeno.
- Se entretienen con el chisme y la murmuración.
- Son jugadores.
- Resaltan las crisis personales, locales e internacionales.
- Son malhumorados, imprudentes y criticones.
- Si no tienen problemas, los buscan.

No te puedes rodear de este tipo de personas porque no te ayudarán en tu liberación emocional. El Apóstol Pablo nos enseña que debemos evitar a este tipo de personas, quienes no son conformes al corazón de Dios.

También debes saber esto: que en los postreros días vendrán tiempos peligrosos. Porque habrá hombres amadores de sí mismos, avaros, vanagloriosos, soberbios, blasfemos, desobedientes a los padres, ingratos, impíos, sin afecto natural, implacables, calumniadores, intemperantes, crueles, aborrecedores de lo bueno, traidores, impetuosos, infatuados, amadores de los deleites más que de Dios, que tendrán apariencia de piedad, pero negarán la eficacia de el la; a estos evita.

-2 Timoteo 3:1-5

El Apóstol Pablo nos está dando una exhortación muy acertada, que es un consejo directo de nuestro Padre Celestial. Debemos evitar a aquellas personas que no aportan a nuestro crecimiento espiritual y emocional. En mis palabras simples te diría, evita a los "chupa energías". Lamentablemente en las iglesias también existen los "chupa energías" cristianos que están en proceso de crecimiento; son niños espirituales. No es que los rechacemos, pero no podemos permitir que ellos influyan en nosotros con su manera de pensar.

Para renovar nuestra mente debemos rodearnos de las personas correctas que nos ayuden a crecer espiritual y emocionalmente. Personas que nos ayuden a renovar nuestra manera de pensar y nos acerquen más a Dios. Las personas a nuestro alrededor son una pieza importante en la renovación de nuestra mentalidad. En el camino a tu liberación emocional necesitas rodearte de las personas correctas. Dios las utilizará para bendecir tu vida y serán un instrumento importante para que puedas vencer tus luchas internas. Dios quiere libertarte. Solo recuerda que hay una parte que le corresponde a Dios hacer, pero hay otra parte que nos corresponde a nosotros.

En el camino a tu liberación emocional, necesitas rodearte de las personas correctas.

El deseo de Dios es que puedas vivir en libertad. Si te esmeras y tomas el camino correcto, vas a poder disfrutar de la libertad que Dios te quiere dar.

3

VENCIENDO LAS ATADURAS DE LA CARNE

Pero los que son de Cristo han crucificado la carne con sus pasiones y deseos. Si vivimos por el Espíritu, andemos también por el Espíritu. No nos hagamos vanagloriosos, irritándonos unos a otros, envidiándonos unos a otros.

-Gálatas 5:24-26

Muchos cristianos piensan que su más grande enemigo es el diablo. Esta manera de pensar es errónea. El enemigo no tiene autoridad sobre los hijos de Dios, que fueron comprados a precio de sangre por medio del sacrificio que Jesús hizo en la cruz del calvario. Legalmente somos propiedad de nuestro Padre Celestial, por tanto, el diablo no tiene legalidad en nuestra vida espiritual. El más grande enemigo que nosotros tenemos es nuestra concupiscencia que, al aceptar a Jesús como nuestro único salvador, está en un proceso de restauración mediante la intervención del Espíritu Santo en nosotros.

El Espíritu Santo, por medio de la Palabra de Dios, nos lleva por el camino de la santificación, lo cual nos ayuda a tener autoridad sobre la inclinación al pecado que tenemos como seres humanos. Los principios de la Palabra producen en nosotros madurez, dándonos las herramientas suficientes para poder vencer los deseos de la carne y agradar a nuestro Padre Celestial.

Los deseos de la carne nos llevan a pecar y el pecado es auto destructivo para el ser humano. Es imposible ser liberados de asuntos emocionales si los deseos de la carne nos gobiernan. Para vivir una vida en libertad debemos haber crucificado nuestra carne con sus pasiones y deseos. Cuando crucificamos nuestra carne, nuestra vida espiritual es la que toma control de todo nuestro ser y, por lo tanto, somos más fuertes ante las adversidades de la vida.

La batalla que libramos con nuestra inclinación a los deseos de la carne es una muy fuerte. Día a día nos tenemos que preparar para no ser dominados por nuestra naturaleza caída. El Apóstol Pablo habla de esta realidad en Romanos 7:19-23:

Porque no hago el bien que quiero, sino el mal que no quiero, eso hago. Y si hago lo que no quiero, ya no lo hago yo, sino el pecado que mora en mí. Así que, queriendo yo hacer el bien, hallo esta ley: que el mal está en mí. Porque según el hombre interior, me deleito en la ley de Dios; pero veo otra ley en mis miembros, que se rebela contra la ley de mi mente, y que me lleva cautivo a la ley del pecado que está e n mis miembros.

El Apóstol Pablo en estos versículos está expresando la lucha que él está experimentando con su concupiscencia, que lo inclina al pecado. De esta experiencia del Apóstol Pablo podemos entender la realidad de que todos tenemos la lucha en contra de nuestra concupiscencia. Es muy importante que podamos comprender que tenemos un enemigo que enfrentar, el cual es interno y lleva el nombre de nuestra concupiscencia. Ignorar esta realidad nos llevará a ataduras en nuestra carne, haciéndonos más débiles espiritualmente, llevándonos a ser esclavos de nuestra concupiscencia en diferentes áreas de nuestra vida.

Uno de los problemas de no aceptar que tenemos una lucha con nuestra naturaleza caída es que nos hace esclavos de ella inconscientemente y logra atrasar el proceso de la santificación que comenzó el Espíritu Santo en nosotros cuando aceptamos a Jesús como nuestro único salvador. En medio del proceso de la santificación, Dios tiene la meta de terminar la obra que Él comenzó en cada uno de nosotros, como nos enseña Filipenses 1:6:

Estando persuadido de esto, que el que comenzó en vosotros la buena obra, la perfeccionará hasta el día de Jesucristo...

El proceso de la santificación nos hace libres de aquellas cosas que afectan nuestra vida integral. En este proceso Dios está transformando nuestro corazón mediante la persona del Espíritu Santo. Es importante entender que este proceso se llevará a cabo con éxito cuando nosotros le permitimos al Espíritu Santo que obre en nuestro corazón. Hay muchos cristianos que no crecen espiritual y emocionalmente porque se resisten a la obra del Espíritu Santo en ellos.

Para que el proceso de la santificación se lleve a cabo con éxito en nuestras vidas, debemos permitirle al Espíritu de Dios que trabaje en lo más profundo de todo nuestro corazón. De esta manera habrá cambios importantes en nosotros que nos llevarán a fortalecernos espiritualmente, dándonos herramientas poderosas que provienen del Espíritu Santo para poder vencer nuestra inclinación al pecado, lo cual trae una debacle a nuestra área almática. Si no le permitimos al Espíritu Santo el control de todo nuestro ser, estaremos vulnerables en nuestra área emocional y, por lo tanto, no tendremos los recursos para vivir una vida de libertad.

La manera en que podemos cooperar en la obra que ha comenzado el Espíritu Santo en nosotros es negarnos a nosotros mismos y permitir que los principios de la Palabra de Dios nos transformen. Los deseos de la carne se ven proyectados en la manifestación de sus frutos.

Y manifiestas son las obras de la carne, que son: adulterio, fornicación, inmundicia, lascivia, idolatría, hechicerías, enemistades, pleitos, celos, iras, contiendas, disensiones, herejías, envidias, homicidios, borracheras, orgías, y cosas semejantes a estas; acerca de las cuales os amonesto, como ya os lo he dicho antes, que los que practican tales cosas no he redarán el reino de Dios.

-Gálatas 5:19-21

Quítense de vosotros toda amargura, enojo, ira, gritería y maledicencia, y toda malicia.

-Efesios 4:31

Nuestra concupiscencia está inclinada a todas aquellas cosas que son enemigas de nuestra salud emocional. De no negarnos a nuestra naturaleza caída, se manifestarán en nosotros los frutos de la carne, los cuales nos llevarán a la amargura, la ira, y la falta de perdón. Todas estas cosas traerán en nosotros inestabilidad emocional, lo cual pude producir ansiedad, depresión, insomnio, ataques de pánico, entre otras situaciones emocionales.

Antes de Jesús contar la parábola de las dos casas, que una fue edificada sobre roca y otra fue edificada sobre arena, mencionó que *cualquiera que me oye estas palabras y las hace le compararé a un hombre prudente que edificó su casa sobre la roca* (ver Mateo 7:24). La importancia de esta parábola está en que Jesús está haciendo conciencia a sus oyentes de la importancia de sus palabras y ponerlas en práctica en su vida diaria.

La parábola de las dos casas tiene el propósito de que los oyentes tengan conciencia de lo importante que es escuchar la Palabra de Jesús y aplicarla en sus vidas. Jesús está comparando sus palabras con un fundamento fuerte que, a pesar de la tormenta que nos pueda azotar, si escuchamos la Palabra de Dios y la ponemos por obra, permanecemos en pie.

Las palabras de Jesús tienen la autoridad para sostenernos en cualquier aflicción que enfrentemos en nuestra vida y hacernos libres de cualquier atadura, sea de la carne, emocional y espiritual. Juan 8:32 dice:

Y conoceréis la verdad, y la verdad os hará libres.

Para libertarnos de las ataduras de la carne necesitamos conocer la verdad. Ahora, ¿quién es la verdad? La Biblia nos enseña que Jesús se muestra como la verdad y el único camino para ir al Padre.

Jesús le dijo: Yo soy el camino, y la verdad, y la vida; nadie viene al Padre, sino por mí.

-Juan 14:6

Este principio es muy importante. Vivimos en una época donde las personas están buscando la verdad en diferentes fuentes. No tan solo están buscando la verdad, sino que la filosofía moderna nos quiere enseñar que la verdad es subjetiva. Este es el más grande engaño de la sociedad: la subjetividad. La subjetividad la quieren aplicar a la moral del ser humano y su naturaleza.

Ejemplo de esto es lo siguiente. Pregunta en países progresistas qué es una mujer y la contestación es "una construcción social independiente del sexo con el que haya nacido". En este razonamiento, se echa a un lado la biología para crear una ideología que va en contra de la naturaleza y la razón. Podemos ver cómo los seres humanos usan la subjetividad de la verdad.

Es muy simple saber que un hombre y una mujer se distinguen por su naturaleza. Lo que distingue a un hombre de una mujer son sus cromosomas. La mujer tiene dos de los mismos cromosomas sexuales, XX, y los cromosomas de los hombres son XY. Esta es la verdad que identifica a un hombre y una mujer. Esta verdad no es una subjetiva; es una categórica. De igual manera Jesús no es una verdad subjetiva para solo algunas personas. Jesús es la verdad absoluta para conocer al Padre Celestial y hacernos libres de cualquier tipo de trastorno emocional. Solo en Jesús se encuentra la verdad. Jesús se mostró como el camino, la verdad y la vida. Fuera de Jesús no podemos conseguir la verdad.

La Biblia nos enseña en el Evangelio de Juan 1:1 que Jesús es el verbo, es decir, la Palabra de Dios. Nuestra libertad de todas aquellas cosas que nos agobian está cien por ciento ligada a la verdad, la cual es la Palabra de

Dios. Cuando permitimos que la verdad nos confronte y nos corrija, estaremos dando pasos firmes para nuestro crecimiento espiritual y la liberación de los deseos de la carne que nos llevan a una vida de atadura, que afectará nuestra área espiritual y emocional.

Jesús es la verdad absoluta para conocer al Padre Celestial y hacernos libres de cualquier tipo de trastorno emocional.

Para ser libres de las ataduras de la carne necesitamos la intervención del Espíritu Santo y que nosotros nos sometamos voluntariamente al proceso de la santificación. Debemos rendir todo nuestro ser a la voluntad de Dios para nuestra vida. Esto preparará el terreno para que el proceso de la santificación se lleve a cabo con éxito en nuestra vida. En nuestras fuerzas naturales no podemos ser transformados; nuestra transformación está ligada a la obra del Espíritu Santo en nosotros. Necesitamos descansar en el poder transformador del Espíritu en nuestras vidas.

El legalismo

Uno de los problemas más grandes que han enfrentado algunos cristianos a lo largo de la historia es querer cambiar por medio de su propio esfuerzo. Han introducido en su vida espiritual reglas, dogmas, disciplinas que los desvían de la gracia salvífica y transformadora de nuestro Señor Jesucristo por medio de su Santo Espíritu, el cual transforma todo nuestro ser. Intentar cambiar por nuestro propio esfuerzo nos llevará por otro camino que nos conducirá a la esclavitud y la amargura del alma. Este camino se identifica como el camino del legalismo.

Necesitamos descansar en el poder transformador del Espíritu en nuestras vidas.

El legalismo es el esfuerzo del ser humano intentando conseguir la santificación por medio de reglas y sacrificios para alcanzar la transformación de su ser y obtener la salvación mediante sus obras. Este esfuerzo llevará a las personas por el camino del fracaso y en vez de ser liberados de los frutos de la carne, pondrán ataduras innecesarias en ellos. La libertad espiritual del ser humano no está ligada a su esfuerzo. Está directamente relacionada con el sacrificio que Jesús hizo en la cruz por cada uno de nuestros pecados.

El legalismo se puede considerar como un espíritu demoniaco que les hace pensar a las personas que ellos tienen la fuerza y la capacidad de ser transformados a través de su esfuerzo. El enemigo se aprovecha de personas que no tienen el conocimiento ni el entendimiento de cómo opera la gracia de nuestro Señor Jesucristo, para sembrar en ellos la semilla del legalismo. Esto produce en ellos esclavitud y que no puedan disfrutar de la verdadera libertad que encontramos en Jesucristo.

Algunas características que encontramos en los legalistas es que cargan un espíritu de condenación, amargura, ira, juicio hacia ellos y hacia otros. Este camino que muchos han decidido tomar es un camino que a muchos los ha sumergido en depresiones, amargura, ataques de pánico y problemas muy serios en su núcleo familiar. Nuestra libertad no está suscrita a nuestro esfuerzo, sino al poder del Espíritu Santo sobre nosotros.

Para ser transformados debemos reconocer que tenemos una lucha con nuestra naturaleza caída. No reconocerlo no nos permitirá poder ser libres del pecado que nos lleva a la esclavitud y a experimentar la devastación en todas las áreas de nuestra vida. El pecado nos lleva a ataduras sexuales, emocionales y a la decadencia aun de nuestra salud física. Los problemas no resueltos en nuestra vida espiritual desencadenarán destrucción en todas las áreas de nuestra vida.

Nuestra libertad no está suscrita a nuestro esfuerzo, sino al poder del Espíritu Santo sobre nosotros.

El Apóstol Pablo, después de reconocer su condición, comienza a explicarle a la Iglesia que se encontraba ubicada en Roma cómo se pueden vencer los deseos de la carne.

Porque los que son de la carne piensan en las cosas de la carne; pero los que son del Espíritu, en las cosas del Espíritu. Porque el ocuparse de la carne es muerte, pero el ocuparse del Espíritu es vida y paz.

-Romanos 8:5-6

Hay dos palabras claves en estos versículos: pensamientos y ocuparse. Quiero comenzar con el pensamiento. El pensamiento es la capacidad que tiene el ser humano de formar ideas, recibir información, procesar la información en nuestra mente. De la capacidad que el ser humano tiene de pensar y mediante la información recibida se desarrollan sus creencias.

Esta información recibida se convierte en una biblioteca mental que le dirigirá a tomar decisiones impulsadas por un conocimiento y una verdad personal de cómo él o ella creen que deben conducirse en su vida. Por medio de los pensamientos de los seres humanos crean una cosmovisión personal, la cual tendrá un impacto directo en su cultura y en la forma de operar como individuos ante las situaciones que enfrenten en su vida.

El Apóstol Pablo nos está enseñando que las personas que piensan en las cosas de la carne vivirán cautivos a esos pensamientos que los dirigen a una vida de esclavitud. Es importante conocer cuáles son las obras de la carne para no pensar en ellas, sino desecharlas de nuestra mente con la ley de la sustitución. El Apóstol Pablo, en el libro de los Gálatas, nos menciona cuáles son las obras de la carne que atrasan nuestro crecimiento espiritual.

Digo, pues: Andad en el Espíritu, y no satisfagáis los deseos de la carne. Porque el deseo de la carne es contra el Espíritu, y el del Espíritu es contra la carne; y estos se oponen entre sí, para que no hagáis lo que quisiereis. Pero si sois guiados por el Espíritu, no estáis bajo la ley. Y manifiestas son las obras de la carne, que son:

Adulterio, fornicación, inmundicia, lascivia, idolatría, hechicerías, enemistades, pleitos, celos, iras, contiendas, disensiones, herejías, envidias, homicidios, borracheras, orgías, y cosas semejantes a estas; acerca de las cuales os amonesto, como ya os lo he dicho antes, que los que practican tales cosas no heredarán el reino de Dios.

-Gálatas 5:16-21

Hacia la libertad espiritual

Para vivir una vida de libertad espiritual debemos procurar que en nuestra mente no se desarrollen aquellos pensamientos que nos pueden llevar a practicar las obras de la carne que nos llevarán a esclavitud. Tenemos una lucha constante entre los deseos de la carne y lo que el Espíritu de Dios quiere hacer en nuestros corazones. El Apóstol Pablo nos enseña que, para vencer los deseos de la carne, debemos permitir que el Espíritu Santo nos guíe. Por tanto, debemos ser partícipes en este proceso de recibir la Palabra de Dios y sus principios como una verdad absoluta que nos dirige y cambia todo nuestro ser.

El deseo de nuestro Padre Celestial para nosotros sus hijos es que podamos ser libres de nuestra concupiscencia, que nos atrasa en su propósito y no permite que podamos vivir vidas en plenitud. Jesús vino a este mundo con el propósito de morir por nuestros pecados para libertarnos de la esclavitud que nos lleva a un camino de muerte. En Jesucristo recibimos una libertad que cambia por completo para bien toda nuestra vida.

Una vida de pecado esclaviza al ser humano y lo priva de la plena voluntad de Dios para su vida.

Un creyente que le da espacio en su mente para pensar en las obras de la carne le está dando autoridad legal al enemigo para que él tome autoridad sobre sus pensamientos y sobre su vida. Con esto no quiero decir que el enemigo hace una posesión del cristiano. Si has nacido de nuevo y fuiste sellado por el Espíritu Santo para el día de la redención, le perteneces a Dios. Lo que ocurre es que de permitir que los frutos de la carne se apoderen del creyente, vivirá atado a ellos y eventualmente esta vida de pecado lo terminará alejando de la gracia de un Dios bueno.

Podrías sentir una inquietud y, por lo tanto, hacer una pregunta muy válida. "Pastor, ¿cómo puedo evitar pensar en los frutos de la carne?". Vivimos en un mundo caído y estamos en un cuerpo imperfecto, por tanto, los malos pensamientos llegan a nuestra mente. ¿Cómo puedes desechar estos malos pensamientos? El Apóstol Pablo nos enseña uno de los principios más poderosos que les mencioné antes; si lo aplicamos en nuestra vida, podremos vivir una vida de libertad. A este principio le llamo la **ley de la sustitución**, a la que hice referencia en el capítulo anterior.

Por lo demás, hermanos, todo lo que es verdadero, todo lo honesto, todo lo justo, todo lo puro, todo lo amable, todo lo que es de buen nombre; si hay virtud alguna, si algo digno d e alabanza, en esto pensad.

-Filipenses 4:8

El Apóstol Pablo nos invita a desechar los pensamientos negativos y sustituirlos por los pensamientos que enriquecen nuestra vida espiritual. Al aplicar la ley de la sustitución de los pensamientos negativos por los positivos, nuestra mente estará procesando bienestar para nuestra vida, en vez de calamidad que nos lleva a una inestabilidad emocional. Pensar en lo verdadero, honesto, justo, amable, en todo lo bueno y en lo que produce alabanza, producirá en nosotros una fortaleza mental que nos ayudará a vencer los frutos de la carne. Producirá también una fortaleza espiritual que nos llevará a tener control de nuestra concupiscencia y poder vivir una vida en libertad. Esta vida de libertad solo la podemos experimentar en Jesucristo. Él es el único camino para una verdadera libertad.

Los seres humanos buscan su felicidad y la libertad en diferentes medios como las riquezas, posesiones, relaciones, fama, entre otras cosas. Aún con todo lo que piensan que los puede hacer felices y vivir libres como ellos desean, se convierten en esclavos del sistema. El único camino para encontrar nuestra libertad se encuentra en Jesús. El ser humano, por más que lo intente, no podrá ser feliz lejos de Dios. La única manera de encontrarnos con Dios, nuestro Padre Celestial, es través de Jesús.

Jesús le dijo: Yo soy el camino, y la verdad, y la vida; nadie viene al Padre, sino por mí.

-Juan 14:6

En Jesús encontramos esa libertad que todo ser humano desea. Sin Él no tendremos la capacidad para filtrar esos pensamientos que nos llevan a pecar y, por lo tanto, a la esclavitud.

La otra palabra que menciona el apóstol Pablo que nos puede llevar a ser esclavos del pecado es ocuparnos de la carne. La palabra "ocupar" significa tomar posesión de algo o de un territorio. Cuando una persona se ocupa de las obras de la carne está siendo partícipe de un acto consciente, dándoles lugar a los pensamientos que la llevan a complacer su concupiscencia.

El ocuparnos de la carne nos lleva a maquinar y a la premeditación para dar lugar a los deseos pecaminosos que nos alejan de la voluntad de nuestro Padre Celestial. Pablo exhorta a que nos ocupemos de las cosas espirituales, las cuales nos llevarán a una vida plena y cerca de la voluntad de nuestro Padre Celestial. Si queremos vencer las ataduras de la carne, necesitamos pensar y ocuparnos de las celestiales.

El evangelio de nuestro Señor Jesucristo nos da el poder por medio de su gracia para vencer el pecado y vivir en libertad.

Porque vosotros, hermanos, a libertad fuisteis llamados; solamente que no uséis la libertad como ocasión para la carne, sino servíos por amor los unos a los otros.

-Gálatas 5:13

Si queremos vencer las ataduras de la carne, necesitamos pensar y ocuparnos de las celestiales.

Jesús no nos salvó para que continuáramos siendo esclavos del pecado. Jesús nos llamó para ser libres de él. Es importante señalar que como cristianos debemos ser conscientes de que la libertad dada por Dios no puede ser ocasión para complacer los deseos de la carne. Vivimos en una generación que le está dando la espalda a los principios de la Palabra de Dios, tergiversando la verdad para complacer sus deseos y pasiones.

No solamente se puede observar esta mentalidad en el mundo secular, si no que ha sido introducida en la cristiandad. El observar concilios, iglesias, y llamados creyentes alrededor del mundo creyendo en un Dios permisivo que les permite vivir una vida de libertinaje, me doy cuenta de que proclaman una libertad que no han encontrado porque son cautivos del pecado. El Dios manifestado en Jesucristo vino a hacernos libres del pecado que nos lleva a la depravación moral y, por tanto, a la destrucción de nuestras vidas.

Dios quiere darnos una libertad mayor a la que dio al pueblo de Israel, cuando los liberó de la esclavitud de Egipto. Quiere sacar, de cada uno de nosotros, el Egipto que vive en nuestros corazones, es decir, aquellas cosas de nuestra carne que nos inclinan a desobedecer a nuestro Padre Celestial. La libertad que Dios nos quiere dar a través de Jesucristo es una libertad mayor porque es una libertad espiritual y mental que nos ayudará a vivir una vida plena en todas las áreas de nuestra vida.

Los judíos celebran la pascua que se estableció en la última plaga de la muerte de los primogénitos para ser liberados por el reino de Egipto. Moisés les indicó que mataran un cordero de un año, limpio, y que pusieran su sangre en los dinteles de los postes de las puertas. También les indicó que comieran yerbas amargas y panes sin levadura con el propósito de que cuando pasara el ángel de la muerte, sus primogénitos estuvieran protegidos y no perdieran su vida.

Después de la muerte de los primogénitos de los egipcios, el faraón, angustiado y atribulado por la muerte de su hijo, decidió poner en libertad al pueblo de Israel. De este evento es que nace la fiesta de la pascua, la cual se celebra cada año para recordar el milagro de su liberación.

En Jesucristo recibimos una libertad a un nivel mayor. Jesús es nuestra pascua en el encontramos una verdadera libertad. Jesucristo tomó la última cena con los discípulos en la festividad de la pascua. Esto no fue casualidad, si no que Jesús sería el sustituto de ese cordero que se sacrificaba en esa fecha, recordando la libertad del pueblo de Israel, de Egipto.

Lamentablemente los judíos celebraban una fiesta de libertad, pero en ese momento histórico eran esclavos del pueblo romano. No solamente eran esclavos civiles, sino que estaban esclavizados espiritualmente porque la misma religiosidad los había apartado de la voluntad de Dios. Jesús tomó el lugar de esta fiesta para ser el sustituto que proclamaba libertad para ofrecerle al hombre la verdadera libertad. Tomó el lugar del cordero de la pascua para liberar al ser humano de la maldición del pecado.

Limpiaos, pues, de la vieja levadura, para que seáis nueva masa, sin levadura como sois; porque nuestra pascua, que es Cristo, ya fue sacrificada por nosotros. Así que celebremos la fiesta, no con la vieja levadura, ni con la levadura de malicia y de maldad, sino con panes sin levadura, de sinceridad y de verdad.

-1 Corintios 5:7-8

Nuestra pascua es Jesucristo, que murió para liberarnos de una vez y por todas de la maldición del pecado que nos esclaviza. Si entendemos que el sacrificio de Jesús tiene todo el poder y es suficiente para liberarnos del pecado, comenzaremos a vivir en la libertad que obtenemos a través de su muerte y su resurrección.

Cuando experimentamos la libertad de Jesucristo, nuestra espiritualidad se hace fuerte y, por tanto, afecta positivamente nuestra área emocional. Si crecemos espiritualmente, podemos tener el favor de Dios que nos llevará a ser libres de todo ataque de pánico, ansiedad y depresión. Recuerda: Dios es capaz de todo, no hay límites para Él, aun puede levantar hasta a los muertos.

Cuando experimentamos la libertad de Jesucristo, nuestra espiritualidad se hace fuerte y, por tanto, afecta positivamente nuestra área emocional.

Amado lector, en el corazón de Dios está el que tú puedas ser libre de aquellas cosas que te estén afectando emocionalmente. En Jesucristo puedes encontrar libertad y una vida plena.

4
LA PRUEBA DEL CARÁCTER

Tened por sumo gozo cuando os halléis en diversas pruebas, sabiendo que la prueba de vuestra fe produce paciencia. Mas tenga la paciencia su obra completa, para que seáis perfectos y cabales, sin que os falte cosa alguna.

-Santiago 1:2-4

Nuestro carácter se pondrá a prueba por medio de las dificultades que enfrentaremos en nuestra vida. Vivimos en un mundo caído y es imposible evitar el dolor en esta tierra. Jesús nos lo advirtió. Dijo:

En el mundo tendréis aflicción; pero confiad, yo he vencido al mundo.

-Juan 16:33

En Santiago 1:1-6 encontramos algunas claves importantes que nos ayudarán a fortalecer nuestra fe y nuestro carácter, el cual nos ayudará a salir airosos en las pruebas que enfrentamos. Arriba leímos los primeros versículos. Veamos los siguientes:

Y si alguno de vosotros tiene falta de sabiduría, pídala a Dios, el cual da a todos abundantemente y sin reproche, y le será dada. Pero pida con fe, no dudando nada; porque el que duda es semejante a la onda del mar, que es arrastrada por el viento y echada de una parte a otra.

-Santiago 1:5-6

Nuestra fe no es estática; Jesús enseña que nuestra fe es como un grano de mostaza que después que se siembra crece, y se convierte en la mayor de las hortalizas (ver Mateo 13:31-32, y Mateo 17:20). Nuestra fe pasa por diferentes procesos que aportan a su crecimiento. Para que este proceso de crecimiento se lleve a cabo con éxito necesitamos tener la actitud correcta en medio de las adversidades que enfrentamos.

El gozo del Señor es nuestra fuerza

Santiago dice que debemos tener gozo en medio de las pruebas. El gozo es parte del fruto del Espíritu que nos habla Gálatas 5:22-23; es la manifestación del Espíritu Santo que vive en nuestro interior y manifiesta el carácter de Jesús en nosotros:

Mas el fruto del Espíritu es amor, gozo, paz, paciencia, benignidad, bondad, fe, mansedumbre, templanza; contra tales cosas no hay ley.

El gozo que es puesto en nuestro interior por medio del Espíritu Santo nos prepara y capacita para utilizarlo en los momentos más difíciles de nuestra vida. Esta capacidad sobrenatural puesta por el Espíritu Santo dentro de nosotros se activará en nuestra vida mediante nuestra fe en nuestro Señor Jesucristo. Al confiar y descansar en Dios, el gozo del Señor se convierte en un recurso fundamental para ayudarnos a enfrentar las adversidades que enfrentemos en nuestra vida.

Muchas personas tienden a confundir el gozo con la alegría. La alegría es producto del bienestar que podemos experimentar en nosotros mediante beneficios externos que nos traen una satisfacción de bienestar por medio de las circunstancias particulares que estamos viviendo. Un ejemplo para entender el concepto más claro es que cuando nosotros, como seres humanos, alcanzamos metas o compramos alguna cosa que nos traiga satisfacción personal, podemos experimentar alegría.

La compra de un carro, una casa, un aparato electrónico producirá en nosotros una satisfacción personal que nos lleva a experimentar alegría. La alegría en el ser humano es un sentimiento producido por las circunstancias y los beneficios externos que nos rodean. El gozo que el ser humano experimenta por medio del Espíritu Santo es un estado interno que no es temporero. Este estado interno y eterno, producido en nosotros por medio de la morada del Espíritu Santo en nuestro interior, no está suscrito a las circunstancias externas que podamos experimentar.

El gozo es un sentimiento de bienestar que podemos experimentar aun en las adversidades más difíciles y complejas que estemos pasando. El gozo del Espíritu de Dios tiene la capacidad de manifestarse en el día más oscuro de nuestra vida y llenarnos de la paz que sobrepasa todo entendimiento.

Como pastor, una de las labores ministeriales que tengo es visitar a nuestros feligreses en el hospital. He visitado a feligreses que aman a Dios con todo su corazón y lamentablemente tienen sus días contados. He podido ver en ellos, antes de su muerte, una paz que naturalmente no se puede entender. Lo que está ocurriendo en ese momento crítico de su vida es la manifestación del gozo del Señor en sus corazones. El gozo del Señor los está fortaleciendo, creando una actitud positiva en medio de la enfermedad, el dolor y la incertidumbre. Tengo que confesar que al visitar personas que están batiéndose entre la vida y la muerte con una actitud positiva ministra mucho mi corazón y me llena de fe y esperanza. Estos momentos me llevan a recapacitar en mi vida espiritual y agradecer a Dios por haberle conocido y por todas las bendiciones que he podido vivir en Él.

El gozo es un sentimiento de bienestar que podemos experimentar aun en las adversidades más difíciles y complejas que estemos pasando.

El gozo del Espíritu Santo nos fortalece cuando nuestras fuerzas se han acabado. En nuestro Dios se encuentran nuevas fuerzas para seguir luchando. En ocasiones en la vida encontramos adversidades que en lo natural no tenemos los recursos para salir airosos. Una enfermedad grave, una situación familiar que no tenemos los recursos para poder solucionar, hasta la pérdida de un familiar... todo esto puede traer angustia a nuestro corazón y debilitarnos emocionalmente. Cuando se acaban nuestras fuerzas es el momento de descansar en las manos de nuestro creador.

Los muchachos se fatigan y se cansan, los jóvenes flaquean y caen; pero los que esperan a Jehová tendrán nuevas fuerzas; levantarán alas como las águilas; correrán, y no se cansarán; caminarán, y no se fatigarán.

-Isaías 40:30-31

Esta Palabra nos recuerda que cuando en nuestras fuerzas humanas no podemos más, hay un Dios que tendrá nuevas fuerzas para sostenernos en medio de las aflicciones. Cuando caminamos de la mano de Dios en medio de las aflicciones, podemos experimentar el gozo del Señor que es nuestra fortaleza.

Leímos en Santiago 1:3 que la prueba de nuestra fe producirá en nosotros paciencia. Nuestro carácter es procesado por medio de las adversidades que vivimos. Si tenemos una buena actitud, estas adversidades nos ayudarán a crecer y madurar como creyentes entendiendo que Dios tiene propósito en todas las cosas que sus hijos puedan vivir.

Romanos 8:28 nos enseña:

> *Y sabemos que a los que aman a Dios, todas las cosas les ayudan a bien, esto es, a los que conforme a su propósito s on llamados.*

Cuando entendemos que no importa la situación más oscura que estemos enfrentando Dios la utilizará a nuestro favor y por medio de ella cumplirá el plan de Dios en nuestra vida, tendremos la actitud correcta para enfrentar las adversidades de la vida.

Las pruebas no están diseñadas para destruirnos ni castigarnos. Si confiamos y descansamos en Dios, pueden tornarse a nuestro favor. Al asumir una actitud correcta en medio de las adversidades de la vida, las pruebas pueden ser un mecanismo para moldear nuestro carácter y hacernos más fuertes. Si nos mantenemos conectados a la fuente correcta, nuestro Padre Celestial, su Santo Espíritu manifestará en nosotros el fruto del gozo que nos ayudará a enfrentar con gallardía las pruebas de la vida.

Todos seremos probados. La diferencia estribará en cómo enfrentamos las adversidades de la vida. Muchos cristianos se desmoronan frente a la prueba porque han permitido que la prueba sea más grande que su Dios. En mi vida he enfrentado pruebas que he sentido que voy a desfallecer. Me he sentido solo a pesar de estar acompañado; he sentido los cielos cerrados.

Recuerdo que cuando mi hija nació prematura de solo seis meses y los médicos comenzaron a darnos los diagnósticos negativos, mi corazón se angustió mucho y llegué a reclamarle a Dios por qué aquello estaba sucediendo. El verla entubada con su pulmón derecho colapsado, con un derrame cerebral tipo 3, entre otras condiciones de salud, nos estaba llevando a mi esposa y a mí a un desgaste emocional y de fe. Lo único que pudimos hacer en ese tiempo antes de que llegara nuestro milagro, fue descansar en Dios y abrazar sus promesas. En mi libro *Identifica la Voz de Dios* hablo más a profundidad del proceso que tuvimos que pasar con nuestra hija Victoria. Es un testimonio inspirador. Le invito a leerlo.

Por medio de todas las pruebas que vivimos, Dios forma nuestro carácter. Esta experiencia que tuvimos que vivir con mi hija Victoria puso a prueba nuestro carácter. Después de ver su milagro y madurar en medio del proceso, pudimos ver cómo crecimos en fe y nuestro carácter se perfeccionó en medio de las pruebas. Recuerde que las pruebas nunca están diseñadas para destruir, sino para edificarnos. Si asumimos una buena actitud frente a ellas, saldremos airosos y fortalecidos más que nunca.

Un creyente que depende de Dios en medio de las pruebas experimentará crecimiento. Cuando nuestro carácter se pone a prueba, nuestro ser interior se fortalece y de esta manera podemos aprender a enfrentar las pruebas venideras. Recuerde que vivimos en un mundo caído, ha enfrentado adversidades y las ha superado, pero es muy posible que en el futuro le toque enfrentar otras. Al ser entendidos en esta realidad podemos ser libres emocionalmente. Es importante señalar que para salir airosos de las pruebas debemos depender de Dios. Si dependemos de nosotros y nuestros recursos, podemos sumergirnos en la ansiedad, ataques de pánico y depresión, entre otras aflicciones emocionales.

Si pasamos con éxito las pruebas, nuestra fe se fortalecerá y esto nos ayudará a enfrentar las pruebas que puedan llegar a nuestra vida más adelante. Una fe firme y fuerte en Dios crea en nosotros un carácter sólido que puede enfrentar los embates de la vida. En la vida tendremos que enfrentar el fracaso, el ser menospreciados, ser traicionados, no ser estimados ni valorados, como yo digo, ser el último en la fila. A pesar de que tengamos que pasar todos estos procesos, debemos mantenernos enfocados en nuestro Padre Celestial, que tiene grandes propósitos con nosotros. Los hijos de Dios no están exentos del dolor. En la Biblia podemos ver algunos ejemplos de cómo hombres y mujeres llamados por Dios fueron procesados por medio de la aflicción.

José: el plan de Dios

Una de mis historias favoritas de la Biblia es la historia de José, el hijo de Jacob y Raquel. Dios tenía grandes planes para él. Dios lo había escogido para preservar su pueblo y que la promesa que Dios le había hecho a Abraham se cumpliera. José era una pieza principal en la preservación del pueblo de Israel. Después de que Dios le revela los dos sueños a José cuando tenía diecisiete años, donde Dios estaba anticipando su llamado de gobernar, sus hermanos le tuvieron envidia y dice la Palabra que lo odiaban cada día más. Esto llevó a sus hermanos a tratar de matarlo y por no derramar la sangre de su hermano, terminaron vendiéndolo. De este momento en adelante comenzó su proceso sin él entender que todos sus obstáculos lo llevarían a su destino.

Después de que sus hermanos lo vendieron a los ismaelitas, comenzó la preparación de su carácter para el llamado que Dios le había encomendado. La envidia de sus hermanos, el querer matarlo, el echarlo a una cisterna, el venderlo a los ismaelitas, el ser esclavo de Potifar, ser acusado injustamente por la mujer de Potifar que dijo que la quería violar, el llegar a la cárcel, todas estas pruebas fueron el proceso que Dios utilizó para preparar el carácter de José para promoverlo a su propósito: ser el segundo al mando de la nación más poderosa sobre la faz de la tierra en su época.

En la historia de José podemos ver a un joven confiando en las promesas de Dios en los tiempos más hostiles de su vida. A pesar del sufrimiento, el dolor y la soledad, se sostuvo en su Dios y permaneció fiel. De la historia de José podemos aprender muchas lecciones de vida, pero la más importante fue que las pruebas lo catapultaron a su destino. Las adversidades de la vida no lo destruyeron, sino que lo capacitaron para cumplir con su llamado. Dios nunca nos pondrá en la cima sin antes trabajar con nosotros. Muchos logran grandes triunfos en su vida y los echan a perder por falta de carácter. El ver los procesos por medio de la bondad de Dios y sus promesas nos hacen vivir con esperanza, sabiendo que Dios tiene cuidado sobre nosotros. De esta manera podemos aplicar en nuestra vida Romanos 8:28:

Y sabemos que a los que aman a Dios, todas las cosas les ayudan a bien, esto es, a los que conforme a su propósito son llamados.

Muchas personas no pueden vencer la ansiedad, los ataques de pánico y la depresión porque llegan a pensar que sus pruebas no tendrán final y no tienen ningún propósito de ser en su vida. Por esta razón viven desesperanzados, angustiados porque no ven una solución a su problema. No puedes llegar a la conclusión de que no podrás superar las adversidades que estás enfrentando. Estas adversidades serán temporeras; Dios tiene un plan hermoso para tu vida. Las aflicciones presentes no son comparables a la gloria que Dios tiene preparada para ti.

Pues tengo por cierto que las aflicciones del tiempo presente no son comparables con la gloria venidera que en nosotros ha de manifestarse.

-Romanos 8:18

Nunca pienses que la experiencia que estás experimentando no tendrá un final. Dios quiere hacerte libre de toda angustia y dolor; créelo en fe. José, a su corta vida, comenzó a sufrir conflictos tan duros que la mayoría de las personas quizás nunca se habrían recuperado de ellos. ¿Qué provocó que José pudiera superar las adversidades que le tocó enfrentar? Su total confianza en Dios. José mantuvo despierto en su mente los sueños que Dios le había dado; esto lo llenó de esperanza en medio de la adversidad.

El evangelio de Jesucristo son buenas noticias para cada uno de nosotros. En la Palabra de Dios podemos encontrar cientos de promesas de bendición, de las cuales debemos apropiarnos. Cuando estés pasando un momento de tristeza, de desánimo, necesitas meditar en las hermosas promesas que Dios tiene preparadas para ti y tu familia. El Salmo 119:15-16 nos enseña la importancia de meditar en la Palabra de Dios para llenarnos de su fuerza y aumentar nuestra esperanza:

En tus mandamientos meditaré;
Consideraré tus caminos.
Me regocijaré en tus estatutos;
No me olvidaré de tus palabras.

Meditar en la historia de José nos debe llevar a confiar en la Palabra de Dios porque le servimos a un Dios que cumple sus promesas y no se olvida de sus hijos. Al pensar en ella, mi corazón se llena de esperanza y recuerdo que las pruebas actuales que puedo estar viviendo son temporeras y no durarán para siempre. El final de la película de cada uno de los hijos de Dios tendrá un final feliz. En la vida de José pudimos ver esta realidad: cuando Dios promete algo, lo cumple, no importando las circunstancias adversas que tengamos que vivir.

Dios no es hombre, para que mienta, ni hijo de hombre para que se arrepienta. Él dijo, ¿y no hará? Habló, ¿y no lo ejecutará? He aquí, he recibido orden de bendecir; Él dio bendición, y no podré revocarla.

-Números 23:19-20

Nuestro Dios cumple todo lo que promete. Él es fiel y jamás se olvida de sus hijos. El carácter de Dios nos da la confianza de que, al pasar los procesos de la vida, saldremos fortalecidos de las pruebas que hayamos enfrentado. Si pones toda tu confianza en Dios, podrás vencer toda ansiedad, ataques de pánico, depresión, ataduras sexuales y serás libre de una vez y por todas. El final de tu vida termina en un final feliz. Debes creerlo; hoy debes abrazar las promesas de un Dios fiel que lo que promete, lo cumple.

En la vida de José podemos ver que las aflicciones son temporeras y que todo obra para bien para aquellos que amamos a Dios. De la misma manera, las pruebas de José tenían propósitos divinos para preparar su carácter y cumplir con la responsabilidad de su llamado, el cual era dirigir y administrar el reino más poderoso del planeta tierra en ese momento, el Reino de Egipto. Cuando descansamos en las manos de nuestro Señor Jesucristo y su voluntad, las pruebas que tengamos que pasar cumplirán en nosotros la misma función que ocurrió en la vida de José.

Ante mayor gloria, mayor responsabilidad; ante mayor responsabilidad, se necesita un alto nivel de carácter para cumplir con la misión que Dios ha depositado en nuestras manos. El carácter conforme al corazón de Dios nos ayudará a no desmoronarnos en las pruebas actuales ni en las venideras que tengamos que enfrentar. El carácter conforme al corazón de Dios que se manifiesta en el fruto del Espíritu y sus manifestaciones que nos habla Gálatas 5:22-23, nos dará la capacidad de poder vencer los gigantes que nos agobian en nuestra mente y salir airosos en medio de las pruebas que enfrentemos.

Creo de todo corazón que tú, que estás leyendo este libro, si pones toda tu confianza en Dios y permites que Él forme tu carácter, podrás salir victorioso de las pruebas temporales que estás enfrentando y podrás ser libre de todos los pensamientos que te oprimen y te quitan la paz. En el corazón de Dios está el que puedas vencer aquellas cosas que le impiden vivir la vida abundante que Dios te quiere dar en Cristo Jesús, Señor nuestro.

Para que Dios tome el control de nuestras vidas debemos permitir que Él transforme nuestro corazón y establecer una relación continua de intimidad con Él. Esta relación con Dios se cultiva por medio de la oración, la lectura de la Biblia, congregarse en una iglesia saludable que esté fundamentada en los principios bíblicos y que tenga los recursos necesarios para hacerlo crecer. Sé que Dios tiene un propósito extraordinario para tu vida y que tu destino es ser libre de todas aquellas cosas que te quitan la paz y te hacen sufrir. Dios quiere perfeccionar su amor en ti. Él terminará la obra que comenzó en tu vida, como nos enseña Filipenses 1:6:

Estando persuadido de esto, que el que comenzó en vosotros la buena obra, la perfeccionará hasta el día de Jesucristo.

Hoy debes abrazar las promesas de un Dios fiel que lo que promete, lo cumple.

Dios tiene un plan perfecto para tu vida. Ahora debes creerlo y soñar tu liberación total. Por medio de las pruebas de la vida, Dios te hará más fuerte y esa fortaleza te ayudará a ser liberado.

5

NUESTRO AGUIJÓN

Y para que la grandeza de las revelaciones no me exaltase desmedidamente, me fue dado un aguijón en mi carne, un mensajero de Satanás que me abofetee, para que no me enaltezca sobremanera; respecto a lo cual tres veces he rogado al Señor, que lo quite de mí. Y me ha dicho: Bástate mi gracia; porque mi poder se perfecciona en la debilidad. Por tanto, de buena gana me gloriaré más bien en mis debilidades, para que repose sobre mí el poder de Cristo.

-2 Corintios 12:7-9

Todos los creyentes en Jesucristo vamos a tener que enfrentar diferentes adversidades que en ocasiones no entendemos por qué Dios las permite en nuestra vida. Estas adversidades se suelen convertir en nuestro aguijón. Esta Escritura nos ayuda a comprender los tratos de Dios en nosotros cuando estamos experimentando una situación que no comprendemos por qué Él la está permitiendo. Las adversidades en nuestra vida suelen provocar diferentes sentimientos, como, por ejemplo, impotencia, frustración, angustia, amargura, desilusión, y coraje. Si no aprendemos a manejar estos sentimientos, pueden llevarnos a que nuestra fe en Jesucristo se debilite y nuestra confianza en Él se termine desapareciendo.

He conocido personas que al no superar una crisis existencial de la vida terminaron dándole la espalda a Dios. Hace muchos años tuve un compañero de trabajo cuya esposa enfermó de cáncer. Al enterarse de que ella estaba gravemente enferma los dos comenzaron a buscar de Dios desesperadamente. Él llevó a su casa a los cristianos más fervientes y pastores que él conocía, para que oraran por su esposa y ella recibiera un milagro de sanidad.

Tiempo después de buscar ayuda médica y esperar por un milagro de sanidad, ella falleció. Él se llenó de amargura y dolor que lo condujo al camino del ateísmo. Antes de conocer esta historia, mi perspectiva de él es que era una mala persona. Si le hablabas de Jesús o de la Iglesia se llenaba de mucho coraje y literalmente te miraba como tu enemigo. Tenía un resentimiento tan fuerte en contra de Dios que no quería escuchar nada que le recordara su evento traumático.

En mi inquietud del trato que él tenía conmigo por ser cristiano, le pregunté a otro compañero de trabajo por el comportamiento de él hacia mí. Pensaba que le caía mal y que no quería trabajar conmigo, y por esta razón me trataba de una manera hostil. El otro compañero me dijo que él no era mala persona, pero al yo ser un cristiano ferviente, le recordaba la historia de su esposa. Como no sabía, le pregunté si él estaba teniendo problemas conyugales. En ese momento me comenzó a contar la historia de cómo su esposa murió de cáncer y el proceso que tuvo que pasar con ella. Después de que su esposa murió, también murió su confianza en Dios.

Por esta razón cuando le hablaban de Jesús, o de que Dios era un Dios poderoso, amoroso y de misericordia, él se llenaba de coraje. Para mí era completamente normal hablar del amor de Jesús y lo que había hecho en mi vida cuando tenía la oportunidad. Al testificarle a él de Jesús, en vez de alegrarlo, se llenaba de coraje interno y amargura. Su resentimiento en contra de Dios provocaba que descargara su coraje en contra mía, porque yo representaba al Dios que, según él, le dio la espalda.

Toda persona que le hablara de Jesús se convertía en su enemigo. Su dolor y su rencor eran tan fuertes que él ya no creía en la existencia de Dios y si existía, para él era un Dios malo que no escuchaba las oraciones de los necesitados. Trabajar con él fue un gran reto, fue mi compañero de trabajo por bastante tiempo. A él no le agradaban los cristianos y lamentablemente tenía uno a su lado que no se cansaba de hablar de Jesús. Como cristiano, yo estaba viviendo el primer amor; era un joven lleno de vida que había experimentado el poder de Dios.

Creo que la prueba no era tanto para mí, sino para él. De salir alguna conversación, yo hablaba de lo maravillosos que era Dios en mi vida y eso para él era como una puñalada a su corazón. Después de conocer la historia comencé a usar otras estrategias para ganarme su corazón. Eventualmente esa pared que había entre él y yo comenzó a caer a tal punto que nuestra relación comenzó a ser cordial.

De esta situación pude aprender que las experiencias traumáticas sin resolver pueden crear en los seres humanos mucha amargura y dolor. A los seres humanos se nos hace muy difícil comprender por qué Dios permite que sucedan algunas situaciones adversas en nuestras vidas. Al no poder entender la soberanía de Dios, quien tiene el control de toda su creación y hace su voluntad según sus designios y planes, esto puede provocar frustración en nosotros.

Aún como cristianos llenos de fe y esperanza hay situaciones que no comprendemos por qué Dios las permite. Y si no descansamos en la soberanía de Dios, nuestra fe se debilitará. Por esta razón es importante entender que no vamos a comprender todas las cosas que Dios permite que sucedan en nuestra vida. Si no comprendemos esto, nos vamos a frustrar y a llenar de mucha angustia y coraje, como le sucedió a mi compañero de trabajo.

Todos hemos orado con mucha fe para que Dios intervenga en una situación en particular en nuestra vida y no hemos recibido la respuesta que esperamos de parte de Dios. Quizás estás orando para que Dios te sane de una condición de salud, que te ayude a resolver un problema económico o un asunto en el trabajo, y sientes que Dios no hace nada a tu favor. Creo que todos en algún momento hemos experimentado esto.

Sentimos que los cielos están cerrados; que nuestras peticiones no están siendo atendidas por Dios. Las peticiones no contestadas pueden producir en nosotros ansiedad y angustia, e incluso si no atendemos esta situación, podemos llegar a una depresión inesperada. Como cristianos, ¿qué recursos podemos utilizar cuando estamos enfrentando una situación que está debilitando la fe? En la Palabra de Dios encontramos principios espirituales que nos ayudarán a sobrepasar la crisis de fe que enfrentemos.

Las peticiones no contestadas pueden producir en nosotros ansiedad y angustia, e incluso si no atendemos esta situación, podemos llegar a una depresión inesperada.

Estas cosas os he hablado para que en mí tengáis paz. En el mundo tendréis aflicción; pero confiad, yo he vencido al mundo.

-Juan 16:33

En este versículo podemos ver tan claramente que nos encontramos viviendo en un mundo caído e imperfecto. Al vivir en un mundo caído estamos expuestos a diversas situaciones en nuestra vida, como enfrentar una enfermedad, la muerte de un ser amado, situaciones económicas, familiares y ministeriales, entre otras. Jesús, en este versículo, se lo advirtió a sus discípulos diciéndoles que en este mundo enfrentarían aflicciones, pero que en medio de ellas pusieran su confianza en Él. Jesús establece una realidad, pero enseña una verdad absoluta: a pesar de las aflicciones que podamos enfrentar, Él estará con nosotros y Él ha vencido a este mundo.

Estas palabras de Jesús nos recuerdan que no estamos solos y que Él nos acompaña en medio de la aflicción. Es imposible enfrentar solos las aflicciones de este mundo necesitamos a Jesús; Él nos fortalecerá espiritual, emocional y físicamente. Él prometió estar con nosotros hasta el fin.

*He aquí yo estoy con vosotros todos los días, **hasta el fin** del mundo. Amén.*

-Mateo 28:20

Como creyentes en Jesucristo debemos tener mucho cuidado con la manera en que interpretamos nuestra vida cristiana y cuál ha sido nuestra formación bíblica. Hay muchas personas que piensan que una enfermedad es un castigo de parte de Dios, o incluso llegan a pensar que es un azote de Satanás y se introducen en el personaje de Job. He escuchado personas que dicen que están experimentando lo que le sucedió a Job y que Satanás le pidió permiso a Dios para atacarlas. Estos errores suelen suceder cuando la formación teológica de las personas no tiene fundamentos bíblicos sólidos, provocando que ellos hagan un mal manejo de los pasajes bíblicos. Cuando se tiene una mala formación bíblica, se puede llegar a conclusiones equivocadas alejándonos de la verdad de Dios.

La enfermedad no es un castigo

Oseas 4:6 nos enseña que el pueblo perece por falta de conocimiento. Llegar a conclusiones equivocadas te pueden alejar de la realidad de vida que estás viviendo. En una ocasión le trajeron un ciego a Jesús y la pregunta que le hicieron estaba fundamentada en una mala interpretación de la Escritura y de la historia bíblica. Le preguntaron que si la persona con ceguera era un castigo de Dios por su pecado o el pecado de sus padres.

Al pasar Jesús, vio a un hombre ciego de nacimiento. Y le preguntaron sus discípulos, diciendo: Rabí, ¿quién pecó, este o sus padres, para que haya nacido ciego? Respondió Jesús: No es que pecó este, ni sus padres, sino para que las obras de Dios se manifiesten en él.

-Juan 9:1-3

En este versículo podemos ver que los discípulos levantaron un argumento equivocado que los llevó a una conclusión equivocada. Jesús les aclara a sus discípulos que ninguno de ellos había pecado. La enfermedad de este hombre no era un castigo de Dios. Jesús les aclara que esta enfermedad estaba para Dios glorificarse. Como cristianos, debemos mantener nuestro enfoque correcto. No podemos llegar a conclusiones equivocadas a causa de nuestra frustración. Debemos aprender a confiar en Dios y depender de su Palabra en medio de las aflicciones. Si confiamos en Él y nos movemos en fe, Dios utilizará toda aflicción para Él glorificarse. Nunca permitas que una enfermedad te detenga; recuerda que no estás solo, Dios está contigo.

Es lamentable cómo en la actualidad hay ministros del evangelio que predican que las enfermedades son un castigo de Dios. Si fuiste discipulado con esta creencia, tú puedes ser afectado emocional y espiritualmente si estás pasando por alguna enfermedad; puedes llegar a pensar que Dios es un Dios malo y te quiere destruir por medio de la enfermedad u otros problemas que estés enfrentando.

Me encanta el versículo leído de cómo Jesús les respondió a sus discípulos, porque esto nos da más luz del corazón de Dios para nosotros, sus hijos. Esta es una verdad que tiene el poder para liberarnos espiritual y emocionalmente. Jesús, en su inmensa sabiduría como Dios encarnado, les enseña a sus discípulos que el único propósito de la ceguera de este hombre era para Dios glorificarse en la vida de él. De igual manera los procesos difíciles que pasamos en nuestra vida son para Dios glorificarse.

Recuerda que Dios no utiliza las adversidades de la vida para castigarte; vivimos en un mundo caído. Conozco personas honestas, hombres y mujeres de Dios que les han ocurrido cosas muy malas, y esto no significa que Dios los quiere castigar. Pero en medio de estas situaciones naturales de vida a las que estamos sujetos, en sus manos Él nos procesa para terminar la obra que comenzó en cada uno de nosotros. De no entender este principio correctamente, llegarás a pensar que todas las adversidades de tu vida son provocadas por Dios, crearás en tu corazón resentimientos y un sentido de abandono de tu Padre Celestial.

Dios no utiliza las adversidades de la vida para castigarte; vivimos en un mundo caído.

Esto fue lo que le sucedió a mi compañero de trabajo cuando lamentablemente su esposa murió de cáncer. Él creía que, al orar, Dios tenía que contestar su petición. Nosotros somos hijos de Dios y no podemos darle órdenes a Él. Lo único que podemos hacer es orar con fe creyendo que Él actuará a nuestro favor, pero reconociendo que Él tiene la última palabra. Debemos aprender a manejar nuestros sentimientos y emociones porque el enemigo es muy astuto, se puede aprovechar en nuestros momentos de vulnerabilidad y él lo hará. El enemigo utiliza nuestros momentos de fragilidad para debilitar nuestra fe y apartarnos de una relación de intimidad con nuestro Padre Celestial a través de nuestro Señor Jesucristo.

Las interpretaciones bíblicas

En la Biblia podemos encontrar diferentes historias en las cuales Dios operó de diferentes formas con propósitos particulares en la vida de sus hijos. Por esta razón es importante el buen manejo de la interpretación bíblica porque si no lo hacemos de la manera correcta podemos llegar a interpretaciones equivocadas. Hay ministros que utilizan historias del Antiguo Testamento para hacer doctrina y enseñar principios de eventos que tuvieron su particularidad en un tiempo específico. Un ejemplo sobre este asunto puede ser cuando Dios castiga con lepra a la hermana de Moisés, Miriam, por desafiar la autoridad dada por Dios a Moisés (ver Números 12:1-15).

Las cosas que Dios hizo en el pasado nos dan una gran enseñanza, pero esto no significa que Dios hará lo mismo en todas las situaciones similares. Cuando

Dios actúa lo hace con propósito para trabajar con una situación en particular. Esta historia que acabo de mencionar se desarrolla en un momento trascendental sobre la preservación del pueblo de Dios de más de un millón de personas en medio del desierto en dirección a la tierra prometida.

Dios tuvo que reprender a Miriam de esta manera para crear un precedente y una advertencia de que el pueblo no se podía ir en contra del líder que Dios había escogido en ese momento para llevarlos a la tierra prometida, con el propósito de que las personas no fueran un obstáculo para que se cumpliese la voluntad de Dios sobre sus vidas. La actuación radical de Dios provocó la preservación de su pueblo.

En la estadía del pueblo de Dios por cuarenta años en el desierto antes de llegar a la tierra prometida, podemos ver que Dios estaba moldeando su carácter como nación. En la vida de cada uno de nosotros, nuestras adversidades, que las podemos identificar como nuestro aguijón, si las ponemos en las manos de Dios y descansamos en su gracia, Él las puede utilizar para perfeccionar nuestro carácter y hacernos mejores hijos de Él.

Si profundizamos en la historia de Miriam y su rebeldía en contra de Moisés, podemos ver que en el corazón de Dios no estaba destruirla, si no enseñarle una gran lección de sus principios. Dios tuvo misericordia de ella y por medio de la intercesión de Moisés Dios le quitó la lepra, pero de seguro aprendió una lección.

Debemos tener mucho cuidado cuando interpretamos las historias bíblicas y las queremos traspasar para nuestra época. Nuestro Dios trata cada situación en particular con propósitos distintos en cada uno de sus hijos. Como pastor principal en la historia de mi liderazgo de más de 14 años, algunas personas han retado mi liderazgo y no les ha dado lepra. Tampoco he orado: "Dios, castiga a estas personas para que aprendan su lección". Ganas no me quedan. No, porque eso no es lo que nos enseñó Jesús. Jesús nos enseñó a amar a nuestros enemigos, bendecir a los que nos maldicen, hacerles bien a los que nos aborrecen y orar por los que nos hacen daño y nos persiguen (ver Mateo 5:44). Debemos tener mucho cuidado con las malas interpretaciones bíblicas porque nos pueden alejar de la voluntad de Dios.

Otro ejemplo bíblico es cuando Dios castiga a David por el acto de adulterio que cometió con Betsabé, lo cual provocó la muerte de su primogénito con ella (ver 2 Samuel 12:15-25). En esta historia hay una enseñanza que no quiero pasar por alto. A pesar de que Dios no reprenda alguno de sus hijos con el mismo modelo, debemos aprender que Dios es justo y reprende a sus hijos que ama.

Porque el Señor al que ama, disciplina, y azota a todo el que recibe por hijo.

-Hebreos 12:6-7

El amor de Dios se manifiesta en su paternidad. Nos dirige por medio de su mano tierna y su mano firme para que no nos desviemos y podamos cumplir con su propósito. En el Nuevo Testamento podemos ver cómo Ananías y Safira fueron muertos por engañar el Espíritu Santo (ver Hechos 5:1-11).

Cuando estudiamos cada historia en particular podemos ver que Dios tenía un propósito específico en cada una de ellas por la decisión que Él estaba tomando. En el caso de David podemos ver la consecuencia de su pecado. En el caso de Ananías y Safira el propósito era que la Iglesia que estaba en formación respetara la santidad del Espíritu Santo y aprendiera que el evangelio de Jesucristo era serio y real. Ahora, es importante entender que Dios no trabaja con todas las personas y con todos los asuntos de la misma manera. Muchas personas llegan a conclusiones equivocadas de las pruebas que están enfrentando porque el análisis de la situación es equivocado.

Quiero puntualizar que las enfermedades y las pruebas que enfrentamos en este mundo caído no son un castigo de Dios para nosotros. El Apóstol Pablo en 2 Corintios 12:7-9 nos deja ver que él estaba pasando por una situación que Dios la estaba permitiendo en su vida, la cual no tenía el propósito de castigarlo sino de purificarlo y de hacerlo crecer, provocando que en el Apóstol Pablo no se enalteciera su corazón a causa de la revelación que él tenía del evangelio de Jesucristo y dependiera totalmente de su gracia. En oración Pablo le pide a Dios que le quitara el aguijón que lo abofeteaba, el cual era un mensajero de Satanás. Dios le respondió:

*Bástate **mi gracia**; porque **mi** poder se perfecciona en la debilidad.*

-1 Corintios 12:9

Este proceso de vida estaba provocando en Pablo que descansara en la gracia de Dios, el cual está en total control de nuestras vidas. No solo Pablo tuvo que enfrentar este aguijón, si no en su ministerio enfrentó diversas adversidades y aflicciones a causa de servirle a Jesucristo. Fue perseguido, preso, azotado, apedreado, padeció naufragio, lo dieron por muerto. Él tuvo que enfrentar diferentes adversidades por amor al evangelio de Jesucristo. Los héroes de la fe tuvieron que superar pruebas mucho mayores a las que nosotros enfrentamos, pero permanecieron firmes confiando en Dios.

En este mundo podemos vivir adversidades que se pueden convertir en nuestro aguijón, pero eso no significa que Dios nos ha abandonado. Él servir a Jesús siempre será un reto, pero las recompensas son eternas. Dios nos llevará de su mano y nunca nos va a abandonar.

El Apóstol Pablo había entrenado a un joven predicador que se llamaba Timoteo y a causa de una condición de salud en su estómago, Pablo le recomienda tomar vino para mejorar su salud estomacal y sus frecuentes enfermedades (ver 1 Timoteo 5:23). Este es un gran ejemplo de que los hombres de Dios también se enferman y que no son castigos de parte de Dios. Aun cuando las enfermedades no son un castigo de Dios, Él las usa para nuestro crecimiento espiritual.

Ahora, debemos tener mucho cuidado con el fanatismo religioso que nos puede llevar a conclusiones equivocadas, llevándonos por un camino de confusión en nuestro conocimiento del evangelio de Jesucristo y cómo opera nuestro Padre Celestial en nuestra vida. Muchas personas caen en depresiones y se alejan de Dios porque han sido discipuladas equivocadamente. Les han enseñado que las enfermedades físicas son castigos de Dios y ataques satánicos. Por tanto, comienzan a buscar culpables y muchos, ante su desesperación, caen en depresiones y se apartan del evangelio de Jesús. Debemos tener mucho cuidado en no llegar a conclusiones equivocadas a causa de nuestra formación.

Esto me recuerda la historia de Job cuando sus amigos lo estaban acusando de que las situaciones negativas que estaba pasando las relacionaban con el juicio de Dios en contra de él por su comportamiento. Los amigos de Job estaban llegando a una conclusión equivocada a causa de una creencia mal infundida.

Como creyentes en Jesucristo debemos tener mucho cuidado de no llegar a conclusiones equivocadas por una mala interpretación bíblica. Esto puede afectar nuestra vida emocional y espiritual debilitando nuestra fe.

Diferentes causas de las enfermedades

Quiero tocar un tema sumamente importante que tiene que ver con la mayoría de las enfermedades que nosotros los seres humanos podemos padecer. Estas enfermedades físicas tienen que ver con algunos factores que tocaré más adelante. Si nuestra formación como creyentes es una basada en filosofías extremistas que relacionan las enfermedades físicas como castigo de Dios o ataques del enemigo, esto provocará que nuestra relación con Dios se afecte y, por tanto, se afectará de igual manera nuestra área emocional.

Todas las enfermedades que los seres humanos enfrentamos son producto de diferentes fuentes como la alimentación, el medioambiente, factores genéticos, y medicación. Otros padecimientos físicos que podemos padecer los seres humanos pueden llegar a nosotros por accidentes físicos que pueden provocar una lesión grave de una de nuestras extremidades de nuestros cuerpos.

Entendiendo esto, no podemos decir que las enfermedades que los seres humanos padecen son un castigo de Dios o un ataque del enemigo. Más bien es que estamos expuestos a un mundo caído que fue afectado en todas las áreas desde la caída de Adán y Eva del paraíso, lo cual provocó el deterioro del hombre comenzando en su área espiritual, afectando su área emocional y física.

La desobediencia del hombre desencadenó todas las consecuencias negativas que podemos experimentar hoy, las cuales desaparecerán en la restauración de todas las cosas cuando Jesús establezca su reino eterno con aquellos que lo hayamos aceptado como nuestro único Señor y Salvador de nuestras vidas.

Las enfermedades más comunes que enfrentan los seres humanos actualmente tienen mucho que ver con una mala alimentación, la cual nos puede llevar a enfermedades graves como las cardiovasculares, diabetes, cáncer, entre otras.

Algunas de las enfermedades físicas pueden llevar a las personas a experimentar enfermedades mentales. En diferentes estudios científicos que se han hecho, han relacionado los altos niveles de azúcar en la sangre con depresión, demencia y ansiedades. Al observar esta realidad nos damos cuenta de que la mayoría de las enfermedades físicas y mentales pueden desarrollarse por una mala alimentación.

El consumo de alimentos genéticamente modificados, los preservativos artificiales que consumimos en los alimentos, las azúcares refinadas, aceites vegetales, el gran consumo de carbohidratos, los cereales con una cantidad de azúcares y colorantes, alimentos llenos de metales, los productos envasados en plásticos, entre otras cosas más, son nocivos para la salud de los seres humanos.

En adición, la contaminación a la que nos exponemos diariamente en nuestro medioambiente, las ondas electromagnéticas que recibimos por los aparatos electrónicos y antenas que nos rodean, las aguas contaminadas, todas estas cosas comprometen y debilitan nuestro sistema inmune. Como resultado, pueden afectar nuestra salud física. Nos encontramos viviendo en un mundo contaminado y, si no comenzamos cuidando nuestra alimentación, estaremos expuestos a enfermedades.

Como cristianos debemos recordar que nuestros cuerpos son templo del Espíritu Santo y debemos cuidarlo para que esté en óptimas condiciones. Una persona físicamente enferma será afectada emocionalmente. Quise hablar un poco de este tema porque muchas personas equivocadamente le echan la culpa al diablo de la gran mayoría de las enfermedades y no es el enemigo, son los alimentos que han consumido toda su vida los que deterioran sus cuerpos, perdiendo la salud física.

Propósitos eternos

Aclarando este punto, continuamos a otros retos que todos podemos enfrentar sin provocarlos. El Apóstol Pablo luchaba con un aguijón que dice la Biblia que era un mensajero de Satanás que lo abofeteaba. Pablo menciona la razón por la cual Dios permitía que este aguijón lo atacara. ¿Por qué Dios lo estaba permitiendo? Leamos nuevamente y prestemos atención a cuál era el propósito principal de que Dios estaba permitiendo que este mensajero de Satanás estuviera atacando al apóstol Pablo.

Y para que la grandeza de las revelaciones no me exaltase desmedidamente, me fue dado un aguijón en mi carne, un mensajero de Satanás que me abofetee, para que no me enaltezca sobremanera; respecto a lo cual tres veces he rogado al Señor, que lo quite de mí. Y me ha dicho: Bástate mi gracia; porque mi poder se perfecciona en la debilidad. Por tanto, de buena gana me gloriaré más bien en mis debilidades, para que repose sobre mí el poder de Cristo.

-2 Corintios 12:7-9

En el versículo 7, Pablo explica por qué Dios permitió que este mensajero de Satanás lo atormentara. El propósito era para que el Apóstol Pablo se mantuviera humilde y dependiera totalmente de la gracia de Dios.

Cuando enfrentamos una adversidad que no hemos provocado y que no entendemos, necesitamos ver más allá del sufrimiento temporero que estamos experimentando. Debemos ver el propósito que Dios tiene al permitir en nuestra vida estas aflicciones. Hay situaciones que nos toca vivir que son parecidas al aguijón que el Apóstol Pablo estaba enfrentando. Le hemos pedido a Dios que nos ayude con ellas y por propósito divino Dios hace silencio y no concede nuestra petición. He aprendido que cuando ocurre esto en mi vida, Dios me está diciendo: *bástate mi gracia porque mi poder se perfecciona en tu debilidad.*

Muchas personas caen en desesperanza y en desesperación porque no pueden ver el propósito de Dios en medio de las adversidades que les ha tocado vivir. Debemos aprender de la lucha que tuvo que pasar el Apóstol Pablo con el aguijón que Dios permitió en su vida con el único propósito de cuidarlo, no de destruirlo. Las pruebas que tú y yo pasamos no están diseñadas para destruirnos; si Dios las permite en nuestra vida es que tienen propósitos eternos.

Cuando comprendemos que todas las aflicciones que enfrentamos tienen propósitos, vamos a manejar el desánimo, la desesperanza y la frustración de una manera distinta, sabiendo que Dios está en contra de todas las cosas.

Yo creo que Dios tiene el poder para sanarnos de cualquier tipo de enfermedad; Él puede resolver cualquier problema que estemos enfrentando. Él es el Dios Todopoderoso; no hay nada que Él no pueda resolver. Dicho esto, como cristianos vamos a experimentar situaciones en nuestra vida cuando oramos a Dios que nos conceda una petición en particular, y nuestras oraciones no son contestadas según lo que desea nuestro corazón.

Esto no significa que no le interesamos a Dios o que Él nos está castigando. Hay situaciones que como seres humanos no vamos a entender. Cuando ocurra esto, lo único que podemos hacer es descansar en la gracia de Dios. Quizás en nuestra humanidad podemos experimentar sentimientos de abandono de nuestro Padre Celestial, y de no descansar en la gracia de Dios, puede debilitarse nuestra fe. Pero no podemos olvidar que toda situación obra para bien a los que amamos a Dios.

Y sabemos que a los que aman a Dios, todas las cosas les ayudan a bien, esto es, a los que conforme a su propósito s on llamados.

-Romanos 8:28

Dios tiene todo bajo control. A Él no se le escapa ninguna aflicción que estemos enfrentando. Si nosotros decidimos descansar en Él y confiar en su propósito, aunque no entendamos saldremos airosos y fortalecidos de las pruebas que enfrentamos. Me encanta cómo Dios le dijo al apóstol Pablo, *bástate mi gracia porque mi poder se perfecciona en tu debilidad.* Te lo he mencionado anteriormente, porque quizás en nuestras fuerzas no podemos enfrentar las adversidades de nuestra vida. Pero cuando se acaban nuestras fuerzas, cuando nuestra fe se debilita, en Dios podemos recibir fuerzas sobrenaturales que nos sostendrán en medio de las adversidades que estamos enfrentando.

Necesitamos aprender a descansar en nuestro Señor Jesús. Descansar en Él nos llevará a desarrollar una vida de fe donde el poder de Dios nos llevará a vencer los obstáculos que enfrentemos. Para vencer los aguijones que enfrentamos en nuestra vida, debemos recordar que Dios está en control sobre nuestra vida. Dios es soberano y su propósito se cumplirá en tu vida.

En Dios podemos recibir fuerzas sobrenaturales que nos sostendrán en medio de las adversidades

---

La Palabra nos enseña que Él nos escogió antes de la fundación del mundo y nos predestinó para que fuéramos sus hijos en Jesucristo (ver Efesios 1:4-7). Lo que nos enseña este principio bíblico es que Dios tiene un plan eterno para cada uno de nosotros. Si aceptaste a Jesús como tu único salvador, estás en su plan divino y Él no te abandonará. Jesús prometió estar contigo hasta el final. Esta realidad se llevará a cabo cuando perseveramos en Él y cumplimos su voluntad (ver Mateo 24:13 y 28:20).

Nuestro Padre Celestial está en control y debemos confiar en esta verdad. Una de las verdades bíblicas que me ayudó a vencer los ataques de pánico y el miedo a la muerte fue que mi vida está en las manos de Dios y que nada ocurrirá sin que Él lo permita. Si ocurren cosas negativas que no entiendo, descansaré en la gracia de

Dios porque mi vida está en sus manos. Él es un Dios soberano que tiene un propósito con cada una de las aflicciones que podamos enfrentar.

Este principio es difícil de entender en nuestra naturaleza humana. Una persona carnal que no es espiritual puede cuestionar la soberanía de Dios. Puede levantar argumentos que para la mente humana podrían ser válidos. Ejemplo: ¿Qué propósito tiene que mi hijo haya muerto? ¿Qué propósito tiene una enfermedad? ¿Qué propósito tiene que fui violado o violada? En fin, muchas preguntas que llevan a las personas a confusión y a dudar de la existencia de un Dios que está en control.

Vivimos en un sistema donde el príncipe de este mundo, el diablo, está gobernando en muchos seres humanos que están en control de él y por medio de la maldad que habita en ellos, pueden traer sufrimiento a otras personas. En la historia bíblica vemos cómo la maldad y la iniquidad del hombre caído ha destruido el propósito de Dios para el ser humano, trayendo mucho dolor. Pero hay buenas noticias en aquellos que hemos sido salvos mediante el sacrificio de Jesucristo en la cruz del calvario. La Biblia nos enseña que Dios nos pasó de un reino de tinieblas al reino de Jesús.

El cual nos ha librado de la potestad de las tinieblas, y trasladado al reino de su amado Hijo, en quien tenemos redención por su sangre, el perdón de pecados.

-Colosenses 1:13-14

Ahora tenemos una nueva naturaleza y pertenecemos al reino de los cielos que gobierna el Rey de Reyes y Señor de Señores. Esto implica que tenemos un Padre y Él está al cuidado de nosotros. Si entendemos este principio y lo internalizamos en nuestro corazón, nos ayudará a sobrellevar los aguijones que enfrentamos en nuestra vida. Cuando nos toque enfrentar una condición de salud, un problema en el trabajo, un problema familiar, entre otras situaciones adversas que pudieran manifestarse en nosotros como un aguijón, haremos como el apóstol Pablo que descansó en la gracia de Dios. Por medio de ella el poder de Dios se manifestará en nosotros para seguir adelante en medio de la aflicción.

El propósito que Dios comenzó en cada uno de nosotros, las pruebas de la vida no lo podrán detener. Debes recordar que las pruebas que estamos viviendo son temporeras y que nada detendrá la voluntad de Dios en tu vida.

Si quieres ser liberado de los ataques de pánico, la ansiedad, la depresión, los pecados que te han hecho esclavo, debes rendir tu vida a la voluntad de Dios. Si continúas peleando tus batallas con tus fuerzas, tus herramientas y no descansas en la gracia de Dios, no podrás ser liberado. Hoy es el día para que pongas toda tu ansiedad en las manos de Dios y permitas que el poder de sus fuerzas te restaure.

He atendido a creyentes en Jesucristo que por más de diez años han estado luchando con condiciones emocionales y no ha habido ninguna mejora. Han sido atendidos por pastores, psicológicos, psiquiatras, y en vez de fortalecerse y crecer, continúan con la misma situación emocional. Me resisto a creer que los seres humanos no puedan ser liberados de los problemas emocionales que están enfrentando. He sido testigo, no solo en mi vida, si no en la vida de personas que decidieron depender y depositar su vida en las manos de Jesús, de que sus vidas fueron cambiadas para siempre. En Jesucristo hay libertad.

Así que, si el Hijo os libertare, seréis verdaderamente libres.

-Juan 8:36

Hoy es el día para que pongas toda tu ansiedad en las manos de Dios y permitas que el poder de sus fuerzas te restaure.

Creo fielmente que en Jesucristo podemos ser libres de todo ataque emocional que nos lleve a una vida de tristeza y angustia. En Mateo 17:14-21 se narra cuando Jesús intervino con un joven lunático y por medio de su poder, este joven fue libre ese día. Este joven estaba poseído por un demonio que provocaba esta condición. Cuando el padre le trajo su hijo a Jesús, Él no se encontraba en ese momento y los discípulos intentaron expulsar el demonio que estaba afectando la vida de este joven. Dice la Palabra que no pudieron.

De repente apareció en la escena Jesús y tomó control de la situación. Primero se molestó con sus discípulos por no poder liberar al joven del demonio que lo estaba atormentando. Segundo, expulsó el demonio de este joven y dio terminación a su situación. Después que este joven fue liberado, los discípulos le preguntaron a Jesús por qué no habían podido echar fuera el demonio de este joven. Jesús les responde que fue por su poca fe. Después les explica que este género de demonio solo sale con ayuno y oración.

De esta historia podemos aprender varias cosas. La primera es que Dios tiene el poder para liberarnos de cualquier tipo de atadura, sea espiritual o emocional. Antes de continuar quiero aclarar que este ejemplo utilizado no es para enseñar que todas las personas que están pasando por situaciones emocionales están endemoniadas. Este ejemplo lo quise mencionar para que pudieras entender que en Jesús no hay límites, que Él puede liberarte de la situación más adversa.

Dios tiene el poder para liberarnos de cualquier tipo de atadura, sea espiritual o emocional.

En este relato bíblico hay un detalle súper importante para que este joven haya sido liberado, y fue el elemento de la fe. Cuando los discípulos le preguntaron a Jesús por qué ellos no habían podido liberar al joven, Jesús les dijo que fue por su falta de fe. Muchas personas no pueden superar sus situaciones de vida por su falta de fe. Por esta razón viven sumergidos en sus crisis y se alimentan de ellas tomando el papel de víctimas, sin confiar en que Dios puede liberarlos. Peor aún, utilizan los diagnósticos de algún profesional de la salud como una excusa para justificar su conducta. Lamentablemente su mentalidad neutraliza el poder de Dios en su vida. Se ha comprobado que los pacientes con una buena actitud son más receptivos a los tratamientos médicos. Cuando las personas son negativas, los tratamientos médicos no funcionan y en las personas no se encuentra mejoría.

Nuestra fe toma un papel muy importante para que podamos ser libres emocionalmente y podamos vivir una vida plena en medio de la adversidad. Jesús les señaló a los discípulos que este género solo sale con ayuno y oración. El ayuno y la oración señalan una vida de entrega a Jesús. Estas disciplinas espirituales nos conectan con nuestro Padre Celestial y provocan que nuestra vida espiritual crezca y nos haga más fuertes ante las pruebas que enfrentemos. En Jesús hay libertad.

El Apóstol Pablo, a pesar de que un aguijón lo abofeteaba, pudo vivir una vida con propósito. El aguijón no pudo detener el propósito de Dios en su vida y tampoco lo tomó como una excusa para no cumplir con su llamado. Él aprendió a lidiar con esta situación y vivió una vida plena siendo de mucha inspiración para la iglesia que estaba creciendo, la cual estaba enfrentando diferentes adversidades. El Apóstol Pablo, por medio de sus enseñanzas, ha sido de inspiración para millones de creyentes a través de la historia hasta el día de hoy.

Si tú tienes fe y confías en que Dios está en control a pesar de las adversidades que estemos pasando, podrás vivir una vida plena en Dios. No viniste a la tierra a sufrir. Dios te creó para que vivas en su propósito y en libertad para utilizarte para su gloria.

Dios te creó para que vivas en su propósito y en libertad para utilizarte para su gloria.

6
LA SOBERANÍA DE DIOS

El Señor hace todo lo que quiere en los cielos y en la tierra, en los mares y en todos sus abismos.

-Salmos 135:6 (NVI)

Quiero definir qué es la soberanía de Dios. La soberanía de Dios es el derecho legal que Él tiene como creador de todo y el Dios único para presidir y tomar dominio sobre toda su creación. Cuando entendemos la soberanía de Dios, eso nos ayudará a vencer las crisis emocionales y las pruebas que podamos enfrentar en este mundo caído.

Jesús dijo en Juan 16:33:

Estas cosas os he hablado para que en mí tengáis paz. En el mundo tendréis aflicción; pero confiad, yo he vencido al mun do.

En este versículo que les he compartido en capítulos anteriores podemos ver la advertencia de Jesús ante esta cruda realidad. Las cosas muchas veces no suceden como nosotros esperamos. La vida nos suele sorprender con diferentes pruebas. Lo bueno de ser cristianos es que en medio de esas pruebas no estamos solos; Jesús va de la mano con nosotros. Lo importante es que en medio de las adversidades debemos confiar en las palabras de Jesús porque Él nos ha dicho que ha vencido al mundo. Cuando confiamos en Jesús y en sus promesas para con nosotros, nos llenaremos de esperanza y fortaleza para los días malos que nos toque enfrentar.

Al entender que le servimos a un Dios soberano que tiene el control y la autoridad absoluta sobre toda su creación incluyendo los seres humanos, en medio de las dificultades de la vida podemos experimentar su paz porque descansamos en Él. Si internalizamos que nada le toma a Dios por sorpresa y nada sucede sin que Dios lo permita, enfrentaremos las adversidades con una mentalidad diferente. El carácter de Dios se manifiesta en su soberanía y en su buena voluntad para los seres humanos.

Le servimos a un Dios bueno, misericordioso, que ha perdonado al ser humano una y otra vez a pesar de que Él sabe de antemano que los seres humanos imperfectos le van a fallar. Pero en medio de su entendimiento del final de todas las cosas, Él extiende su amor y misericordia para los hombres con el propósito de restaurarles y devolverlos a su estado original. Dios conoce el comienzo de todas las cosas y el final de ellas; esto se debe a su naturaleza como el Dios soberano. Nuestro Dios vive en otra dimensión que no está suscrita al tiempo *Kronos*; nuestro

Dios vive en la eternidad donde no existe tiempo. Antes de Él no existió nada, después de Él no existe nada. Dios es el todo y en todo.

En la historia bíblica podemos ver cómo Dios anticipó la caída del hombre y proveyó un Salvador para su rescate. La caída de Adán y Eva no le tomó por sorpresa a Dios. Él en su soberanía les dio la libertad para escoger entre el bien y el mal. Les dijo que de todo árbol podían comer excepto del árbol de la ciencia del bien y del mal. En su amor y soberanía les dio el poder para que pudieran escoger. Cuando ellos cayeron en pecado, ya Dios sabía lo que había ocurrido; por esta razón los fue a buscar.

A pesar de la falla del hombre, Dios por su inmenso amor para con ellos creó un plan de redención para salvar al hombre caído. Cuando Adán y Eva pecaron, una de las palabras que Dios le declaró a la serpiente fue que la simiente de la mujer le herirá en la cabeza. Esta afirmación era una profética que se cumpliría por medio de Jesucristo cuando vino al mundo y venció la muerte, y por medio de su sacrificio restauró a todo el que cree en Él, dándole vida eterna con su Padre Celestial. Jesucristo, por medio del plan de salvación de su Padre, le devolvió al hombre lo que había perdido en el edén: la relación con su creador a través de su Hijo. Por tanto, todo aquel que ha aceptado a Jesús, las obras del enemigo no lo pueden destruir porque fue sellado por el Espíritu Santo para el día de su redención. El plan de salvación es la respuesta de un Dios de amor, misericordioso y soberano que tiene todo bajo su control.

Al leer el Antiguo Testamento podemos ver el plan determinado que Dios había planificado para la redención del ser humano por medio de Jesucristo. En los patriarcas de la fe como Noé, Abraham, Isaac, Jacob, José, Moisés, los profetas, jueces y la ley judaica y sus sacrificios, todo apunta a Jesucristo. Jesucristo es el cumplimiento de toda la ley y la restauración de todas las cosas.

Las profecías mesiánicas que encontramos en Isaías, Ezequiel, Jeremías, Miqueas, Hageos, Zacarías, Malaquías, Daniel y los Salmos nos enseñan que ya Dios tenía todo bajo control para la redención de su creación. Las profecías señalan que ya Dios decidió en su soberanía lo que haría en el futuro y que nadie tiene la capacidad de cambiar su voluntad.

Lo que para el ser humano es una experiencia nueva, para Dios es algo que ya sucedió. El Apocalipsis habla de las profecías de los últimos tiempos y cómo se llevará a cabo el fin de los tiempos y sus procesos. El libro del Apocalipsis o libro de revelaciones no es muy fácil de interpretar gracias a su obra literaria, que se le conoce como apocalíptica.

Por cientos de años, entre los teólogos cristianos más prominentes que han existido, ha habido diferencias en la interpretación de este libro. Pero a pesar de las diferencias de interpretación de este libro, el mensaje dado por Dios a Juan en la isla de Patmos señala eventos que se cumplirán y nadie los podrá cambiar porque están suscritos a la voluntad y al plan de un Dios soberano. Toda profecía para los seres humanos es futurista, pero para nuestro Dios, el cual es eterno, ya ocurrió porque Él planifica de antemano lo que va a ocurrir. Dios está en el comienzo de cada historia y en el final de ella. Muchos se turban al tratar de entender este concepto de la soberanía de Dios porque lo quieren entender con su mente humana, que es limitada.

La Biblia dice en Isaías 55:8-9:

> *Porque mis pensamientos no son vuestros pensamientos, ni vuestros caminos mis caminos, dijo Jehová. Como son más altos los cielos que la tierra, así son mis caminos más altos que vuestros caminos, y mis pensamientos más que vuestros pensamientos.*

Dios está en el comienzo de cada historia y en el final de ella.

Hay muchas personas que tratan de entender la soberanía de Dios. Llegan a conclusiones equivocadas por no conocer la naturaleza de Dios por medio de la Escritura. Muchos piensan que, si Dios está en control de todas las cosas, por qué permite el mal en la tierra y no interviene. Si Dios es bueno, ¿por qué razón deja que niños mueran de hambre, permite grandes calamidades como enfermedades, violencia, desastres naturales y Él no hace nada?

Este tipo de pensamientos llega al ser humano cuando no entiende la soberanía de un Dios justo. El ser humano pecador llega a conclusiones equivocadas por no conocer ni entender el carácter de Dios y cómo se desarrolló la historia del mundo. Esta manera de pensar produce en las personas un tipo de ateísmo que los aleja de poder conocer a Dios a través de Jesucristo y su voluntad para el ser humano. Al no entender la soberanía de Dios y su naturaleza llegan a conclusiones equivocadas sumergiéndolos en pensamientos de error que los llevan a oscuridad, no comprendiendo que Dios en su soberanía le da la oportunidad al ser humano de ser libre y escoger entre el bien y el mal. Las calamidades del ser humano han llegado porque ellos decidieron escoger el mal. No solamente el ser humano se ha destruido, si no que ha destruido la naturaleza que Dios hizo para nuestro disfrute. Todo el mal experimentado en el mundo llega a nosotros por la causa del pecado y la maldad del hombre.

A los cielos y a la tierra llamo por testigos hoy contra vosotros, que os he puesto delante la vida y la muerte, la bendición y la maldición; escoge, pues, la vida, para que vivas tú y tu descendencia.

-Deuteronomio 30:19

Es importante entender que el mal no lo creó Dios. El mal es una consecuencia del hombre que ha desobedecido las instrucciones de su creador y voluntariamente ha decidido vivir fuera de los parámetros diseñados por Dios para el bien de su creación. Aún cuando el ser humano decide vivir en su voluntad, dándole la espalda a Dios, vemos la insistencia de un Dios amoroso, compasivo y misericordioso, dándole la oportunidad para que se arrepienta y se acerque a Él. El amor de Dios es tan grande para la humanidad que, sabiendo de antemano la maldad de ellos, en su soberanía nos da la oportunidad de comenzar de nuevo y acercarnos a Él. Por medio de Jesucristo creó un plan para que podamos ser salvos y redimirnos de todos nuestros pecados. Este es nuestro Dios soberano que anticipa todo y a pesar de nuestros errores y falta de fe, nos quiere amar.

El mal es una consecuencia del hombre que ha desobedecido las instrucciones de su creador.

Dios es justo y está lleno de amor

El amor de Dios se expresa aún en su soberanía para con nosotros los seres humanos. Él, conociendo la maldad que hay en el hombre y la respuesta de ellos a su amor, les permite ser libres de escoger sin manipularlos y obligarlos a que respondan a su plan de salvación. Antes de proseguir debo señalar que Dios en su soberanía interviene en la creación cuando Él quiere hacer algo con un propósito específico y particular. Para explicar este punto, utilizaré el ejemplo de Judas el Iscariote. Dios eligió a Judas como hijo de perdición para cumplir el plan de redención para la humanidad. Judas fue escogido entre los discípulos para entregar a Jesús; esto fue un plan divino. Veámoslo en la Escritura.

Cuando estaba con ellos en el mundo, yo los guardaba en tu nombre; a los que me diste, yo los guardé, y ninguno de ellos se perdió, sino el hijo de perdición, para que la Escritura se cumpliese.

-Juan 17:12

Claramente podemos ver cómo Jesús está confirmando que Dios eligió a Judas como hijo de perdición para que se cumpliese la Escritura. Muchas personas no pueden comprender este principio bíblico de este asunto particular y se sumergen en buscar unas razones justificadas que llevaron a Judas a entregar a Jesús. Dicen que en Judas había maldad. Si partimos de este principio, todos somos Judas porque el ser humano en su naturaleza no es bueno (ver Romanos 3:23-26 y 3:10-18). Es importante entender que Dios está en control de su creación y hace con ella lo que sea mejor. En nuestra mente humana y finita no podemos entender los planes de Dios y por qué Él hace las cosas y las permite. Entendiendo que Dios es justo y soberano, Él decide y orquesta su plan conforme a su voluntad, no a la del hombre.

Recordemos que Dios en su soberanía permite que el ser humano tenga la oportunidad de elegir, como le permitió Adán y Eva desde el principio. Dios provoca en su soberanía que el ser humano responda a su amor voluntariamente. Aclaro que esto no significa que cuando Dios quiere hacer algo específico y particular, Él tiene toda la autoridad y la libertad para hacerlo.

Pero me dirás: ¿Por qué, pues, inculpa? porque ¿quién ha resistido a su voluntad? Mas antes, oh hombre, ¿quién eres tú, para que alterques con Dios? ¿Dirá el vaso de barro al que lo formó: ¿Por qué me has hecho así? ¿O no tiene potestad el alfarero sobre el barro, para hacer de la misma masa un vaso para honra y otro para deshonra?

-Romanos 9:19-21

En estos versículos que escribió el Apóstol Pablo podemos ver la soberanía de Dios en su creación. Es importante que nosotros como hijos de Dios nunca nos pongamos en el lugar de jueces, juzgando a Dios por lo que Él decide hacer. Él es Dios y nosotros sus hijos. Nunca los seres humanos debemos cuestionar a un Dios Santo que en su soberanía sabe lo que es mejor para nosotros. El ser humano sin Dios está muerto, por tanto, está inclinado a hacer el mal, pero aún Dios sabiéndolo, en su soberanía lo permite. Para esto diseñó un plan por medio de Jesucristo para salvarnos y hacernos libres de todas aquellas cosas que nos condenan.

Dios provoca en su soberanía que el ser humano responda a su amor voluntariamente.

Jesús nos enseñó que hace salir su sol sobre malos y buenos, y que hace llover sobre justos e injustos (ver Mateo 5:45). Aún la gente mala recibe la bendición de la creación de Dios por la soberanía de Él.

Al entender un poco más la soberanía de Dios, nosotros, los que hemos nacido de nuevo en Jesucristo, pasamos de una condición de creación de Dios a una posición de hijos de Dios. Todo aquel que ha aceptado a Jesús como su único Salvador necesita entender que es parte de un plan eterno diseñado para bendecirlo. Al aceptar a Jesús como nuestro salvador, se convierte en nuestro Señor. Dejamos de vivir para nosotros y ahora vivimos para la gloria de Dios. Como dice el Apóstol Pablo, *ya no vivo yo, mas vive Cristo en mí* (Gálatas 2:20 b). En la posición de hijos estamos completamente en las manos de Dios, y Él tiene un plan específico para cada uno de nosotros sus hijos. Por esta razón dice la Palabra en Filipenses 1:6:

Estando persuadido de esto, que el que comenzó en vosotros la buena obra, la perfeccionará hasta el día de Jesucristo.

Si eres una nueva criatura en Cristo, debes entender que ya Dios determinó un plan para tu vida. Lo que Dios te ha prometido no hay nada ni nadie que lo pueda cambiar; ni aun Satanás. Los únicos que podemos entorpecer en ese plan y privarnos de sus bendiciones somos nosotros mismos cuando por nuestra terquedad decidimos hacer nuestra voluntad, en vez de la voluntad de Dios.

Dios es soberano y Él está en control de todo en nuestra vida; necesitamos aprender a descansar en Él. Los ataques de pánico, ansiedad, depresión son síntomas producidos por diferentes situaciones que nos han llevado a esto, sin embargo, una de las raíces que nos pueden llevar a experimentar estos trastornos emocionales es la falta de fe. El no confiar ciegamente en Dios y descansar en sus manos puede provocar la inestabilidad emocional en cada uno de nosotros. Hay muchas situaciones que vamos a enfrentar en nuestra vida que nosotros no tenemos la capacidad de resolver. ¿Qué debemos hacer cuando estemos enfrentando un problema que humanamente no tenemos los recursos para resolver? Debemos descansar en Dios y confiar en su soberanía. Él está en control. En los momentos de adversidad debemos recordar que somos hijos de Dios redimidos por la sangre de Jesucristo y estamos bajo su cuidado.

Dios es soberano y Él está en control de todo en nuestra vida; necesitamos aprender a descansar en Él.

Hace unos años se me acercó un joven adulto diciendo que tenía miedo de morir. Creo que es un sentimiento que todos hemos experimentado en algún momento de nuestras vidas. Este sentimiento que estaba experimentando lo estaba llevando a sufrir ataques de pánico que lo paralizaban y no lo dejaban disfrutar de la hermosa vida que Dios le había dado. Como su pastor le atendí y comencé a hablarle de la soberanía de Dios: que le servíamos a un Dios que tiene todo bajo su control; que nosotros los hijos de Dios, que caminamos conforme a su voluntad, no moriríamos hasta que Él así lo decidiera. El entender solo este principio lo ayudó a superar los ataques de pánico y el temor a morir.

La falta de fe

Según he mencionado anteriormente, una de las cosas que nos puede llevar a tener problemas emocionales es la falta de fe. La Biblia dice en Hebreos 11:6:

Pero sin fe es imposible agradar a Dios; porque es necesario que el que se acerca a Dios crea que le hay, y que es galardonador de los que le buscan.

Para tener una comunión con Dios y vivir en sus promesas necesitamos tener fe en Él. Si no tenemos fe en Él viviremos en incertidumbre y sin esperanza. Debemos confiar en que Él tiene planes de bien para cada uno de nosotros. Eres su hijo, eres su hija. Dios tiene cuidado de sus hijos y planes extraordinarios. Cuando decidimos caminar en fe y descansar en Dios, nuestra fe en Él nos fortalece y produce en nosotros esperanza.

Es, pues, la fe la certeza de lo que se espera, la convicción de lo que no se ve.

-Hebreos 11:1

Nos está describiendo que la fe es esperar con certeza una promesa de parte de Dios que no hemos recibido y que por medio de la fe la recibiremos. Cuando internalizamos que Dios es soberano y que está en control de sus hijos, podemos descansar en Él. De esta manera las preocupaciones y nuestras luchas mentales se irán disipando en nosotros. Al entender el cuidado de Dios para con nosotros a pesar de las adversidades que estemos enfrentando en este mundo caído, podemos andar en seguridad.

El Apóstol Pablo ha sido una inspiración para millones de personas. Se le ha admirado por su conocimiento de la gracia y su doctrina del evangelio de nuestro Señor Jesucristo. En lo personal pienso que fue un hombre extraordinario, inteligente, apasionado, fiel al evangelio, entre otras cosas más. Lo más que me impacta de su vida y ministerio es el sufrimiento que pasó por hacer la voluntad de Dios en medio de luchar con un aguijón que Dios mismo le permitía para que no se enalteciera su corazón a causa de su revelación del evangelio de Jesucristo. Él fue apedreado, lo dieron por muerto, fue perseguido, encarcelado, traicionado por sus hermanos en Cristo y abandonado por sus compañeros de ministerio, en fin, muchas cosas más. Pero siguió honrando a Dios hasta lo último de su vida.

En 2da. de Corintios 11:24-29, él cuenta de sus sufrimientos por servirle a Jesús, pero con todo y esto, estaba transitando en el camino correcto y nunca declinó a causa de sus sufrimientos, si no que todas esas experiencias lo hicieron más fuerte.

Esto lo podemos ver en Romanos 8:37-39:

Antes, en todas estas cosas somos más que vencedores por medio de aquel que nos amó. Por lo cual estoy seguro de que ni la muerte, ni la vida, ni ángeles, ni principados, ni potestades, ni lo presente, ni lo por venir, ni lo alto, ni lo profundo, ni ninguna otra cosa creada nos podrá separar del amor de Dios, que es en Cristo Jesús Señor nuestro.

A pesar de todas las aflicciones que el Apóstol Pablo pasó, su actitud era de más que un vencedor. Esto me da un poco de vergüenza por las veces que me he quejado por las situaciones que me ha tocado vivir. Digo en mi mente, "qué flojo soy", y en ocasiones sé que he sido un malagradecido. El ver la vida del apóstol Pablo me pone mentalmente en la perspectiva correcta. Si me pongo a contar las bendiciones que Dios me ha dado son más que las tribulaciones que he tenido que enfrentar. Tengo una familia maravillosa, una esposa muy buena, unos hijos extraordinarios, un ministerio bendecido y en ocasiones me encuentro quejándome por las situaciones difíciles y de cuán malos somos los seres humanos. He tenido que aprender a ser agradecido, Dios me ha dado más de lo que merezco. Ser agradecido, incluso en los pequeños detalles, sitúa nuestro corazón en el lugar correcto.

Un corazón agradecido es uno más fuerte que nos ayuda a enfrentar las adversidades. No ignoro que he tenido que lidiar con condiciones de salud que pocos saben, que mi esposa ha enfrentado eventos de salud muy delicados, que mi hija Victoria al nacer se batió entre la vida y la muerte, que pasé traumas en mi niñez, que he sido traicionado en varias ocasiones por gente que amo, pero todo esto no se compara a los sufrimientos del Apóstol Pablo. La pregunta que nos debemos hacer es qué sostuvo al Apóstol Pablo en medio de todas sus luchas para que mantuviera una buena actitud y su vida emocional y espiritual fuera estable, lo cual lo llevó a cumplir con su propósito aquí en la tierra.

Ser agradecido, incluso en los pequeños detalles, sitúa nuestro corazón en el lugar correcto.

El Apóstol Pablo vivió una vida de propósito, no una al azar. Él sabía cuál era la voluntad de Dios para su vida y su asignación. Como dijo en Romanos 8:28:

Y sabemos que a los que aman a Dios, todas las cosas les ayudan a bien, esto es, a los que conforme a su propósito s on llamados.

El secreto del éxito del Apóstol Pablo fue entender que las aflicciones y las dificultades que él estaba enfrentando en su vida eran parte del plan de Dios, las cuales lo llevarían a la plena voluntad de Él. Su fortaleza emocional estaba ligada directamente a entender la soberanía de Dios sobre su vida. Él sabía que todo lo bueno y lo malo se tornarían para bien porque él estaba en el plan divino de Dios.

Como cristianos necesitamos desarrollar esta misma mentalidad. Somos hijos de Dios, estamos en sus manos y pertenecemos a un plan divino. Nuestro Padre Celestial está en control de todas las cosas en nuestra vida. Para vencer las situaciones emocionales necesitamos entender que Dios está en control de nuestra vida y que nunca nos abandonará. Dios es soberano y tiene nuestras vidas en sus manos.

Si todos los creyentes descansamos en la soberanía de Dios, entendiendo que Dios está en total control de nuestras vidas, podremos vivir una vida plena en Él. De esta manera tendremos la fuerza espiritual y emocional para ser libres de todos los ataques que enfrentamos emocionalmente.

Cuando comprendemos que Dios es un Dios soberano que está en control de nuestras vidas como creyentes, ponemos de nuestra parte en el proceso de la restauración de nuestras emociones. Hay una parte que le corresponde a Dios hacer, la cual nosotros no podemos hacer, pero hay una parte que nos corresponde a nosotros hacer y esta parte no la hará Dios.

En cuanto a la pasada manera de vivir, despojaos del viejo hombre, que está viciado conforme a los deseos engañosos, y renovaos en el espíritu de vuestra mente, y vestíos del nuevo hombre, creado según Dios en la justicia y santidad d e la verdad.

-Efesios 4:22-24

El Apóstol Pablo en estos versículos nos está enseñando que para renovar nuestra mente debe haber una acción de parte de nosotros. ¿Cuál es esta acción? Despojarnos del viejo hombre. En palabras simples, los seres humanos nacidos en Jesucristo tienen la responsabilidad de negarse a sí mismos para agradar a Dios. Los nacidos en Cristo deben renunciar a su manera vieja de vivir y pensar con el propósito de ser colaboradores en el proceso de la santificación. Estas son las obras dignas de arrepentimiento que todo nacido de nuevo debe manifestar.

La Biblia establece que nosotros no somos salvos por obras (ver Efesios 2:8-9), pero es importante entender que los nacidos de nuevo hacemos obras que son parte de nuestra nueva naturaleza en Jesucristo. El libro de Santiago 2:14-17 nos enseña la importancia de las obras en un creyente. Establece que nuestra fe debe ir acompañada por nuestras obras para que sea una fe viva. Si queremos que nuestra vida espiritual sea una viva, vibrante y que podamos ser transformados a la imagen de Jesús, necesitamos tomar acción en nuestro proceso de crecimiento espiritual y emocional. Debemos vestirnos del nuevo hombre creado según Dios para renovar nuestra mente y vivir una vida plena y de bendición.

Renueva tu manera de pensar

Si quieres vencer tus luchas emocionales, es necesario pasar por el proceso de renovar la manera de pensar. Muchas personas llevan décadas atadas a situaciones emocionales porque ellas mismas se han convencido de que no las pueden vencer y se han acostumbrado a vivir con ellas. Me atrevo a decir que inconsciente o conscientemente utilizan algún diagnóstico clínico de un profesional de la salud mental para poner excusas por su comportamiento y no querer cambiar. Esta mentalidad es una de esclavitud, sin permitirle al todopoderoso soberano Dios que pueda obrar en sus vidas. En Cristo tenemos el poder por medio del Espíritu Santo para ser transformados y ser liberados de los azotes emocionales que podemos estar enfrentando. Si nuestra fe está ligada con las obras, podemos enfrentar los trastornos emocionales y salir victoriosos de todas las situaciones que nos puedan agobiar.

En el proceso de nuestra reconstrucción emocional debemos entender que somos parte del cuerpo de Jesucristo y que Dios ha puesto hermanos a nuestro alrededor, quienes pueden bendecir nuestra vida. Uno de los errores que podemos cometer como creyentes es luchar solos las adversidades de la vida. En ocasiones, los seres humanos somos muy orgullosos cuando estamos pasando por momentos adversos; se nos hace complicado buscar ayuda a causa de nuestro orgullo. Y lamentablemente decidimos luchar solos hasta llegar al colapso emocional.

Si estás pasando por una situación difícil, no luches solo, somos parte del cuerpo de Cristo. Acércate a hermanos maduros en la fe, líderes, pastores, consejeros, psicólogos cristianos que te pueden ayudar y ser parte del cuidado que Dios tiene para sus hijos. Muchos cristianos no se acercan a buscar ayuda de consejeros y psicólogos porque desde su juventud han cargado con perjuicios y piensan que, si van a un profesional de la salud mental, los tildan de locos. A otros les enseñaron que buscar ayuda profesional es falta de fe o que ir a un profesional de la salud mental es del diablo.

Si estás pasando por una situación difícil, no luches solo, somos parte del cuerpo de Cristo.

Dios tiene la autoridad para hacernos libres de toda situación emocional que estemos enfrentando, pero hay psicólogos cristianos muy buenos que están ayudando a muchas personas a enfrentar las crisis que los están agobiando. Conozco algunos muy buenos que les puedo recomendar y sé que hay muchos que ni conozco. Es importante que sean creyentes temerosos de Dios y que por encima de las técnicas de la psicología pongan a Dios en primer lugar. Esto para mí es muy valioso porque por encima de la sabiduría humana está la sabiduría de Dios. Entendiendo esto como cristianos; no podemos descartar y tener un juicio incorrecto de los profesionales de la salud mental con quienes Dios, en su amor y soberanía, ha hecho provisión para que muchas personas puedan ser ayudadas y bendecidas en sus problemas emocionales.

Si te enfermas del corazón, buscarás un cardiólogo; si tienes una fractura en una rodilla, buscarás un ortopeda; si te enfermas de los pulmones, buscarás un neumólogo. Entonces, ¿por qué no buscar un profesional de la salud mental cuando estamos afectados emocionalmente? En mi experiencia como pastor ya puedo identificar con bastante facilidad cuándo me estoy enfrentando ante una persona que está teniendo graves problemas emocionales.

El problema de muchos cristianos es que fueron mal discipulados y la mayoría creen que sus problemas emocionales son ataques del diablo. Con esto no estoy descartando que ciertamente un ataque del diablo nos puede afectar emocionalmente. A lo que me refiero es que todas las batallas que estamos enfrentando no necesariamente son ataques de Satanás y necesitamos aprender a discernir para no ser presos del fanatismo religioso que nos puede hacer mucho daño. En mi libro

Discernimiento en la Guerra Espiritual profundizo en este tema, lo cual nos da luz sobre si verdaderamente estamos enfrentando una guerra espiritual o una natural. Al nosotros poder identificar a qué nos estamos enfrentando, podremos salir airosos de las batallas.

Reitero: siempre nuestra parte como hijos de Dios es rendir toda nuestra voluntad a Él, entendiendo que Él tiene cuidado de nosotros. Como hijo de Dios no debes temer sobre tu futuro y la situación que estés enfrentando en este momento. Recuerda que Dios es soberano y está en control de tu vida; no hay nada que pueda detener el propósito de Dios en tu vida. No le hagas una casa de campaña a tu ansiedad, ataques de pánico, depresión y adicciones. Tu Padre Celestial desea que seas libre. Él no te salvó para que fueras esclavo de aquellas cosas que te quitan la paz. Él envió a su hijo Jesús para darte una vida y vida en abundancia.

Necesitas creerlo para poder ser libre de aquellas cosas que te agobian. Confía en la soberanía de un Dios que, a pesar de las pruebas que estás pasando, está en control. Él te ama y no se ha olvidado de ti.

Antes de terminar este capítulo, me gustaría que en voz alta repitieras esta oración.

> *Amado Dios, sé que me amas y que estás en control de mi vida. Te pido que me ayudes a confiar y a descansar en tu soberanía. Trae paz a mi corazón en el nombre de tu amado hijo Jesucristo. Amén.*

Me alegra que estés leyendo este libro. Sé que Dios ya está obrando en tu corazón y que terminará la obra que comenzó en ti. El Dios soberano te guiará a la vida abundante que ha separado para sus hijos. Creo de todo corazón que serás libre de todas las aflicciones que estás enfrentando. Jesús vino para hacerte libre.

7
SOMOS HIJOS DE DIOS

Pues su Espíritu se une a nuestro espíritu para confirmar que somos hijos de Dios. Así que como somos sus hijos, también somos sus herederos. De hecho, somos herederos junto con Cristo de la gloria de Dios; pero si vamos a participar de su gloria, también debemos participar de su sufrimiento.

-Romanos 8:16-17 (NTV)

Como cristianos necesitamos entender que la posición más importante y privilegiada que tenemos como creyentes en Jesucristo es ser hijos de Dios. Cuando entendemos la importancia de ser hijos de Dios comenzamos a disfrutar de la paternidad de nuestro Padre Celestial, quien nos ama y está totalmente al cuidado de nosotros. El internalizar que somos hijos del Padre Celestial, el creador de los cielos y la tierra, el todopoderoso, el soberano Dios, provocará en nosotros un sentido de seguridad. Al entender que nuestro Padre Celestial está al cuidado de nosotros, nos sentimos seguros y experimentamos una paz que solo Él nos puede dar.

Nuestro Dios manifestado en Jesucristo, el cual por medio de su obra redentora nos dio la potestad de ser llamados hijos de Dios, está a nuestro cuidado. El hecho de entender este principio tan poderoso nos ayuda en nuestra estabilidad emocional porque estamos al cuidado del Todopoderoso que no ha perdido ninguna batalla. Al desarrollar una identidad sólida como hijos de Dios, enfrentaremos los obstáculos de nuestra vida con una mentalidad diferente.

Nuestra cosmovisión de ver las adversidades e interpretar los obstáculos de la vida cambiará porque tenemos la seguridad de que nuestro Padre Celestial está al cuidado de nosotros, sus hijos. Nuestra comprensión de esta verdad provocará que todo temor se vaya disipando en nuestra vida. Al desarrollar una fuerte identidad como hijos de Dios, comenzamos a sentirnos seguros y estables, a pesar de las adversidades que estemos enfrentando. El temor al presente y al futuro, que nos puede agobiar, se va disipando cuando desarrollamos una identidad saludable como hijos de Dios.

En ocasiones los temores que enfrentamos en nuestra vida son producto de nuestra imaginación, no de una realidad existencial. Si no trabajamos con ellos pueden desestabilizarnos emocionalmente, privándonos de las bendiciones que nuestro Padre Celestial tiene reservadas para cada uno de nosotros. El saber que nuestro Padre Celestial está a nuestro cuidado y que nos protegerá en medio de las adversidades de la vida, provocará en nosotros un sentido de seguridad.

Al desarrollar una fuerte identidad como hijos de Dios, comenzamos a sentirnos seguros y estables.

Antes de ser padre de mis dos hijos Adrián y Victoria, a quienes amo con todo mi corazón, estaba conversando con un amigo sobre Dios y su paternidad para con nosotros. Mi amigo me dijo: "Cuando seas padre, tu vida cambiará para siempre y entenderás a profundidad la paternidad de Dios sobre nuestras vidas". Después de algunos años mi amada esposa Lydia y yo tuvimos la bendición de ser padres por primera vez; nació nuestro primogénito Adrián. En el instante que vi a Adrián, mi vida cambió; despertó en mí la paternidad que tenemos los hombres, dada por Dios. En ese momento recordé las palabras de mi amigo y las pude entender. Al experimentar ese hermoso sentimiento de ser padre y el amor que despierta en nosotros tener un hijo, comencé a entender a mayor profundidad la paternidad de nuestro Padre Celestial para con nosotros sus hijos.

La llegada de Adrián cambió nuestro hogar, lo llenó de mucho amor, ternura, alegría y santificación. Mi amada esposa y yo estábamos super emocionados. Padres primerizos, se pueden imaginar la mezcla de emociones. Una de las primeras cosas que se les activa a los padres es el sentido de protección. Están pendientes de que nada malo ocurra a sus hijos. Los primeros días de nacido no quieres exponerlo donde hay muchas personas, no te gusta que otras personas lo estén cogiendo al hombro y besándolo, pensando que te lo pueden enfermar.

Las primeras semanas son las más que nos desvelamos, pendientes a que el niño estuviera bien. Habíamos preparado todo para que Adrián durmiera en nuestro cuarto con el propósito de estar al cuidado de él un cien por ciento. Al ser padres primerizos, cada vez que se movía, se quejaba o lloraba, nos poníamos alerta. Todo esto era activado en nosotros por el deseo de protegerlo y que no le ocurriera nada malo.

Cuando pasaron algunos meses lo pasamos a su cuarto y le pusimos un radio para escucharlo. Hoy día los equipos están a otro nivel con cámaras con audios para no solo escucharlos, si no verlos. En nuestro caso, escuchábamos que el niño lloraba o se quejaba y enseguida lo íbamos a atender. Cuando Adrián era bebé, lloraba mucho. Mi amada esposa y yo nos desvelábamos para atenderlo. Mi esposa era una mamá lactante y nuestro hijo Adrián quería beber leche toda la noche. Hay que darle un premio a mi amada esposa y a todas las madres lactantes que se comprometieron en nunca darles leche de fórmula a sus hijos.

Si eres padre y o madre sé que te estás identificando con esto que te estoy compartiendo y quizás llegan a tu mente tantos recuerdos que ahora te dan risa. Pero tengo que decir que las amanecidas en ese momento no dan nada de gracia. Después de una noche sin dormir bien, teníamos que ir a trabajar y después volver a la rutina y cumplir con las responsabilidades del hogar. Todo este esfuerzo y cuidado sobre nuestros hijos tiene que ver con una sola cosa que se activó en nosotros: la paternidad de nuestro Padre Celestial que está basada en un amor incondicional. El amor de nuestro Padre Celestial supera el de nosotros por la pureza de su naturaleza.

Pues si vosotros, siendo malos, sabéis dar buenas dádivas a vuestros hijos, ¿cuánto más vuestro Padre que está en los cielos dará buenas cosas a los que le pidan?

-Mateo 7:11

En este versículo bíblico podemos ver que nuestro Padre Celestial tiene mayor amor y cuidado de nosotros del que nosotros podemos tener para con nuestros hijos. Esto tiene que ver con su naturaleza divina. Nuestro Dios es amor, protector, proveedor, misericordioso, fiel y justo. Jesús, por medio de este mensaje, quería hacernos entender que nuestro Padre Celestial está pendiente de todas nuestras necesidades y al cuidado de todos nosotros.

Heridas del pasado

Romanos 8:16 nos enseña que cuando viene el Espíritu Santo a nuestro espíritu nos trae la convicción de que somos hijos de Dios. Uno de los problemas más grandes que podemos enfrentar los creyentes en Jesucristo es no entender ni experimentar la paternidad de Dios sobre nuestras vidas. En ocasiones caminamos en nuestra vida con un sentimiento de bastardos, como si no tuviéramos un Padre Celestial. Nos sentimos abandonados y desprotegidos, un sentimiento que afecta nuestra relación como hijos legítimos de Dios.

Hay factores que pueden ser un terreno fértil para que desarrollemos este tipo de pensamiento en nuestra mente y que, a su vez, impidan que podamos experimentar la paternidad de Dios en nuestra vida. Uno de estos factores puede ser que no tuvieras la oportunidad de conocer ni criarte con tu padre biológico porque él abandonó tu hogar y perdiste todo contacto con él. La mayoría de las personas que han experimentado el abandono de su padre se les hace difícil experimentar la paternidad de su Padre Celestial y el cuidado que Él tiene para con ellos.

El abandono de un padre presente, pero ausente emocionalmente, crea traumas y heridas en la vida de los hijos, dejando en ellos un sentimiento de abandono. Estas experiencias traumáticas llenan a las personas de mucha inseguridad y temor. Por esta razón las personas que han experimentado este tipo de traumas necesitan pasar por un proceso de sanidad interior.

El primer paso que deben dar las personas que no han tenido la presencia de un padre terrenal o han sufrido la carencia de una figura paterna bajo el diseño de Dios es reconocer los daños que fueron producidos por este evento y no pasarlos por alto, ignorando esta situación como si nada importante hubiera ocurrido en sus vidas. Para que Dios sane las heridas de nuestros corazones necesitamos primeramente reconocer las heridas que se produjeron en nuestro desarrollo como personas. Este es el primer paso que todo ser humano debe tomar para la sanidad de su alma. Dios quiere sanar las heridas de tu corazón, pero debes ser sincero para que el proceso de sanidad se lleve a cabo con éxito.

Algunas personas que han tenido traumas de este tipo se les hace difícil reconocerlo porque pensar en esos eventos les produce coraje y frustración. El no pasar por su proceso de sanidad por no confrontar su pasado, invalidará su sanidad y restauración, privándoles de disfrutar de la paternidad del Padre Celestial. Dios quiere que puedas vivir una vida plena; por esta razón, procura, por diferentes medios, sanar tu corazón.

Los padres terrenales somos un reflejo de nuestro Padre Celestial aquí en la tierra. Esa es la importancia de la figura del hombre dentro del marco familiar. Lamentablemente en este tiempo, en algunos sectores de nuestra sociedad a los cuales dan mucho foro en diversos medios, con pensamientos filosóficos feministas, levantan una retórica que quiere destruir la importancia de la figura paterna y sacerdotal dentro del modelo de familia bíblico. Por tanto, esto trae una distorsión de la figura paterna y su importancia dentro del hogar.

Podemos añadir otros factores que destruyen la imagen de la paternidad en la vida de muchos hijos. Como, por ejemplo, un padre presente físicamente, pero ausente en la vida integral de sus hijos; un padre presente pero maltratante; un padre presente, pero sin expresiones verbales, físicas, de ternura y cuidado para con ellos; un padre proveedor, pero su trabajo le roba el tiempo de su familia.

A esto le podemos sumar diferentes situaciones que son muy comunes en nuestra sociedad y que ni aún los padres se dan cuenta de que pueden afectar a sus hijos grandemente. Un ejemplo muy común es que, en muchos hogares, el hombre no asume su responsabilidad como sacerdote y líder del hogar, sino que delega su liderazgo en su esposa para evadir su responsabilidad. El padre presente mira su responsabilidad como el líder de su hogar, a quien se le ha delegado la responsabilidad de los asuntos más importantes que le corresponden por ser el sacerdote de su casa.

Los modelos distorsionados dentro del hogar traen grandes crisis para los hijos, causando grandes heridas que en un futuro tendrán que pasar por un proceso de sanidad emocional. Los modelos de paternidad que se alejan de los principios bíblicos traen una distorsión en la visión de sus hijos de cómo se supone que debe comportarse un padre. Por lo tanto, los niños criados bajo esta experiencia de una paternidad no saludable, cuando llegan a su juventud y adultez, se les hace difícil comprender la paternidad de nuestro Padre Celestial.

Por esta razón necesitan el conocimiento y el entendimiento de cuál es la figura saludable de un padre conforme al diseño de Dios y su responsabilidad. El entender la paternidad sana de un padre terrenal los puede llevar a un proceso de sanidad interior donde puedan experimentar la liberación de aquellos conflictos internos que distorsionan la figura paterna en su interior.

Jesucristo vino con el propósito de traer libertad, sanidad a los oprimidos de corazón, no importando las heridas de tu pasado. Si te pones en las manos de nuestro Padre Celestial, Él te puede sanar. Las heridas del corazón hay que atenderlas con la misma seriedad que se atiende una enfermedad física. Si una enfermedad física se atiende a tiempo, la sanidad se llevará a cabo eficazmente. De igual manera ocurre con las heridas o enfermedades del alma.

Durante muchos años he tenido diferentes asesorías pastorales donde he atendido a muchas personas con inestabilidad emocional y espiritual que los ha llevado a sufrir ansiedad, depresión, ataques de pánico, por lo cual su vida integral ha sido afectada. De esta manera no pueden disfrutar de la vida abundante que Dios nos promete en su Palabra (ver Juan 10:10).

Al ellos comenzar a dialogar sobre sus problemas presentes, en el desarrollo de la conversación salen a relucir las heridas de su pasado, las cuales están directamente relacionadas con la figura paterna.

Después de una larga conversación he podido observar que la inestabilidad emocional no es la enfermedad, solo son síntomas de un problema más profundo que tiene que ver con heridas sin resolver en la etapa de su niñez, relacionadas con la figura de un padre que no tomó el rol que le correspondía. La falta de una figura paterna saludable ha creado profundas heridas en el corazón de muchas personas que he atendido como pastor.

Estas heridas han provocado mucha inestabilidad emocional donde a pesar de autorrealizarse en su área profesional, las personas siguen arrastrando las secuelas de no poder disfrutar de una paternidad saludable, y esto ha llevado a tampoco poder disfrutar de una vida plena. Al no identificar la raíz de su problema, continúan sufriendo las consecuencias de una herida abierta que los ha llevado a la agonía emocional.

La figura paterna es sumamente importante dentro de la familia. Desde los tiempos antiguos, esta figura trae protección, amor y seguridad en el hogar. Cuando los integrantes de la familia no experimentan la cobertura que brinda una paternidad saludable, los hijos son los más afectados en el núcleo familiar. Los hijos se crían con temor, e inseguridad emocional y física. Al comprender la importancia de la figura paterna y lo que puede producir si no es una saludable, nos permite ver la gran importancia de una paternidad saludable dentro del hogar, la cual trae bendición sobre sus hijos. Ahora: tengo buenas noticias para las personas que no pudieron disfrutar de una paternidad saludable en su niñez. Tenemos un Dios Padre que es perfecto y nos ama con todo su corazón, y por medio de su amor manifestado en Jesucristo quiere sanar todas nuestras heridas.

El Señor reconstruye a Jerusalén y trae a los desterrados de vuelta a Israel. Él sana a los de corazón quebrantado y les venda las heridas.

-Salmos 147:2-3 NTV

Dios es tu sanador y no importa la situación que hayas pasado, Él te quiere sanar y restaurar. Él es un Padre que te ama y está pendiente de cada una de tus necesidades. Permite que la paternidad de tu Padre Celestial sane las heridas de tu corazón. Nunca tomes la posición de víctima; esto, en vez de ayudarte, te destruirá. Hoy es un nuevo día en el que puedes experimentar la sanidad de tu corazón y disfrutar de la vida abundante que Dios te quiere dar. Dios es un Padre perfecto y Él quiere saciar y sanar las heridas de tu corazón. La Palabra nos enseña:

Aunque mi padre y mi madre me dejaran, con todo, Jehová me recogerá.

-Salmos 27:10

Si abres tu corazón, Dios suplirá todas aquellas necesidades que tus padres terrenales no pudieron cubrir por diferentes circunstancias. Todo abandono, dolor, y amargura, Él los convertirá en fuentes de bendición.

Uno de los problemas que podemos enfrentar que nos puede inhibir de experimentar la paternidad de nuestro Padre Celestial es ver a Dios únicamente como Rey y el Señor de todas las cosas. Ciertamente YAHWEH ("Yahvé" es el Rey de Reyes, Señor de Señores que gobierna toda la tierra y que se hace su voluntad por medio de su soberanía). Pero si no entendemos la Paternidad del Dios Eterno, no vamos a poder disfrutar de una relación de intimidad con Él a través de su Paternidad.

Todo abandono, dolor, y amargura, Él los convertirá en fuentes de bendición.

Durante años desarrollé una imagen equivocada de Dios. El espíritu religioso que se manifiesta en ocasiones en las iglesias me hacía ver a un Dios castigador que estaba pendiente a que yo cometiera un error para castigarme. Esto me llevaba a pensar que mi Dios era un tipo de dictador poderoso sin mucho sentimiento, que utilizaba las adversidades de la vida para castigarme y privarme de sus bendiciones. Este tipo de análisis personal infundido por una mala interpretación bíblica de quién es Dios, me privaba de disfrutar su Paternidad. Lamentablemente muchos creyentes y no creyentes tienen una imagen distorsionada del Padre Celestial y por esta razón no pueden disfrutar de su amor, comprensión, ternura y misericordia. Nuestro Padre Celestial nos ama a pesar de nuestra condición y pecado, y Él nos quiere restaurar.

Cuando comprendemos la paternidad de Dios sobre nuestra vida y quitamos la mala imagen que hemos formulado en nuestra mente sobre un Dios lejano que está pendiente a que cometamos un error para castigarnos, comenzamos a disfrutar de la paternidad celestial y sus beneficios.

La mayoría de las personas que no pueden disfrutar de la Paternidad de Dios es que han tenido una imagen distorsionada de su padre terrenal. La distorsión de la paternidad terrenal fuera del diseño de Dios provoca que muchos no puedan conocer a Dios como Padre. Esto suele suceder con mucha frecuencia, pero no podemos quedarnos pensando en las heridas del pasado alimentando una posición de víctima que nos lleve a la amargura y al dolor. Esta posición nos privará de vivir una vida plena en Dios. Todos, de alguna manera, hemos sufrido diferentes situaciones en la vida que nos han llevado al sufrimiento y nos han distorsionado la figura de nuestro Padre Celestial.

La distorsión de la paternidad terrenal, fuera del diseño de Dios, provoca que muchos no puedan conocer a Dios como Padre.

En mi caso, mi padre terrenal es un hombre bueno, pero imperfecto como todos los seres humanos. Se esforzó por dar lo mejor de él a pesar de todas las circunstancias difíciles que tuvimos que enfrentar en nuestra niñez. Para gozar de una salud emocional saludable y estable, lo más importante es entender lo que nos enseñó Jesús cuando dijo:

Pues si vosotros, siendo malos, sabéis dar buenas dádivas a vuestros hijos, ¿cuánto más vuestro Padre que está en los cielos dará buenas cosas a los que le pidan?

-Mateo 7:11

Nuestro Padre Celestial en naturaleza y en esencia es diferente a cualquier padre terrenal por más bueno que sea. Nuestro Padre Celestial es Perfecto y por medio de su perfección nos puede brindar su amor y compañía que suplirá todas nuestras necesidades a pesar de nuestras imperfecciones, temores y preocupaciones.

En ocasiones, nos puede suceder que al pasar diferentes situaciones difíciles en la vida que no comprendemos, podemos poner en tela de juicio la paternidad de nuestro Padre Celestial. Nos podemos sentir abandonados por Él al no contestar algunas de nuestras peticiones, y comenzar una lucha en nuestra mente acerca de si nuestro Padre Celestial se está ocupando de nosotros.

Es importante analizar todo bajo la justa perceptiva porque en ocasiones Dios permite circunstancias difíciles en nuestra vida porque Él está viendo más allá de lo que nuestros ojos naturales están viendo. Quizás no nos concede peticiones que nosotros deseamos, aun por nuestro bienestar. En fin, Él sabe qué nos conviene y en el tiempo indicado nos concederá nuestra petición según su voluntad.

Lo más importante para poder experimentar la Paternidad Celestial es depositarnos en las manos de Dios, descansar en Él y permitirle que Él sea nuestro Señor y Padre Celestial. Cuando internalizamos la paternidad de Dios, comenzamos a experimentar una seguridad que nos trae estabilidad emocional, sabiendo que el creador de todo el universo, el todopoderoso, es nuestro padre y no nos va a abandonar. De esta manera, toda ansiedad, depresión y ataques de pánico comienzan a disiparse en nuestras vidas.

Todos los seres humanos vamos a enfrentar diferentes situaciones muy difíciles. Vivimos en un mundo imperfecto con personas imperfectas y nosotros somos imperfectos. Sin Dios no podemos sobrellevar las cargas que nos tocará vivir. Pero de la mano de nuestro Padre Celestial podremos enfrentar cualquier tipo de adversidad que tengamos que enfrentar. Tenemos un Padre que nos ama y está al cuidado de nosotros. Cuando vengan pensamientos que te quieran angustiar, recuerda que tienes un Padre Celestial que está a tu cuidado. Él te ama y te quiere cuidar. Nuestro Padre Celestial nos llena de fuerza, seguridad y esperanza; esto nos mantiene en el camino de la fe.

Romanos 8:17 nos habla de que somos hijos, pero nos menciona que somos herederos. Hay una herencia de bendición para cada uno de nosotros. Dios no te creó en este mundo para que estuvieras en angustia y en dolor. Dios te creó con un propósito eterno. Él tiene un plan bueno para tu vida. Somos herederos de todas las bendiciones de nuestro Padre Celestial. Nuestro Padre Celestial envió a Jesús al mundo para libertarlos.

Y se le dio el libro del profeta Isaías; y habiendo abierto el libro, halló el lugar donde estaba escrito: El Espíritu del Señor está sobre mí, por cuanto me ha ungido para dar buenas nuevas a los pobres; me ha enviado a sanar a los quebrantados de corazón; a pregonar libertad a los cautivos, y vista a los ciegos; a poner en libertad a los oprimidos; a predicar el año agradable del Señor.

-Lucas 4:17-19

Dios te creó con un propósito eterno. Él tiene un plan bueno para tu vida.

Esta es la visión de nuestro Padre Celestial para cada uno de nosotros. Tenemos un Padre Celestial bueno, amoroso y tierno que quiere que caminemos en libertad. Él te quiere liberar de todo aquello que te está oprimiendo y no te permite vivir una vida abundante. Cuando nos refugiamos en la paternidad de Dios, por medio de su amor, cuidado y protección, podemos ser libres de cualquier inestabilidad emocional que nos esté afectando. En nuestro Padre Celestial estamos seguros; en Él recibimos la verdadera libertad.

8
LA VOLUNTAD DE DIOS

No os conforméis a este siglo, sino transformaos por medio de la renovación de vuestro entendimiento, para que comprobéis cuál sea la buena voluntad de Dios, agradable y p erfecta.

-Romanos 12:2

En ocasiones como seres humanos hemos desarrollado una mala imagen de lo que es la voluntad de Dios para nuestra vida. Esto se debe a que vivimos en un mundo caído, que somos imperfectos y necesitamos que Dios renueve nuestro entendimiento. Lamentablemente, nos llenamos de falsas expectativas de cómo se supone que sea la vida abundante que Dios nos quiere dar. Es importante comprender que vivimos en un mundo pecaminoso, el cual nos impactará directa o indirectamente, lo cual puede producir en nosotros diferentes conflictos internos.

Todos los seres humanos enfrentaremos diferentes adversidades que tendremos que superar para seguir caminando en el propósito de Dios. En este mundo es inevitable escapar de los procesos de la vida, debemos enfrentarlos con gallardía con una buena actitud para poder salir airosos de cada uno de ellos. En este mundo vamos a triunfar, fracasar, nos herirán, heriremos a otros, nos decepcionarán y nosotros decepcionaremos a otros.

La inestabilidad de este mundo, su falta de perfección, así como la nuestra, son consecuencias del pecado original de Adán y Eva. Antes de la caída del hombre el mundo era perfecto; ellos podían disfrutar de un paraíso que fue diseñado para vivir en la plenitud de Dios. Después de la caída del ser humano todo cambió y comenzaron a experimentar las consecuencias de su pecado. Quiero señalar que el paraíso era perfecto porque Dios habitaba en él. Esto es importante señalarlo porque hay personas tratando de buscar la felicidad en la provisión de Dios, no en su compañía.

El ser humano lo puede tener todo, pero siempre se sentirá incompleto si no está acompañado de Dios. He escuchado a muchos artistas famosos, millonarios testificando que a pesar de que no les falta nada, han caído en depresiones y que en muchas ocasiones sienten que son infelices. Ellos llegan a experimentar estos sentimientos porque en su vida les falta lo más importante: la compañía de nuestro Padre Celestial. Ese vacío que experimentan tiene que ver con la carencia de Dios en su corazón. La única manera de llenar ese vacío es entregándole su vida a Jesús como su único Señor y Salvador. Al tomar esta maravillosa decisión, el Espíritu Santo viene a morar en su corazón, y Él quitará ese sentimiento existencial que los atormenta.

Este es el mismo sentimiento que experimentó la humanidad después de salir del paraíso, porque lo más importante del paraíso es que el ser humano tenía una comunión directa con Dios.

El ser humano lo puede tener todo, pero siempre se sentirá incompleto si no está acompañado de Dios.

Después de que Adán y Eva comienzan a vivir fuera del paraíso, llegan las consecuencias del pecado. Tiempo después, la familia de Adán y Eva experimentan una gran tragedia: su hijo mayor, Caín, se llena de celos de su hermano Abel porque la ofrenda que él le traía a Dios para adorarle era agradable ante Dios. Esto lo llenó de envidia y coraje, tomando la decisión de asesinar a su hermano.

En esta historia podemos ver las consecuencias nefastas que produce estar lejos de la presencia de Dios. Al continuar leyendo los relatos bíblicos podemos ver cómo el ser humano sin Dios no puede vivir y no puede experimentar una vida abundante. Aún los hombres y mujeres que Dios escogió, que hoy estudiamos y los admiramos, en los relatos bíblicos vemos que, cuando se alejaban de Dios y no obedecían su Palabra, fracasaban. Esto es ejemplo de que, sin la compañía de nuestro Padre Celestial, no podemos vivir en la plenitud de Dios ni en su voluntad.

Por esta razón Dios envió a su hijo Jesús para morir por nuestros pecados, limpiarnos de ellos y por medio de su Espíritu Santo, habitar dentro de nosotros. Hoy día el paraíso se encuentra en nuestro corazón, donde el Espíritu de Dios viene a hacer morada y a transformar todo nuestro ser. Este proceso, aunque es hermoso, pasará a otro estado mejor en la eternidad. Dios ha creado un plan eterno para cada uno de los que hemos aceptado a Jesús como nuestro único salvador.

Oí una fuerte voz que salía del trono y decía: «¡Miren, el hogar de Dios ahora está entre su pueblo! Él vivirá con ellos, y ellos serán su pueblo. Dios mismo estará con ellos. Él les secará toda lágrima de los ojos, y no habrá más muerte ni tristeza ni llanto ni dolor. Todas esas cosas ya n o existirán más.

-Apocalipsis 21:3-4 (NTV)

Este es el plan que Dios ha diseñado para nosotros sus hijos; ocurrirá al final de todas las cosas. Este lugar donde viviremos es semejante al primer paraíso que Dios creó en el principio para que el hombre disfrutara de su compañía y su creación. Este paraíso está hecho para el disfrute exclusivo de aquellas personas que han aceptado a Jesús como su único salvador.

En la actualidad nos encontramos viviendo en un mundo caído e imperfecto que no es semejante al paraíso que Dios creó para el ser humano. Por esta razón no nos podemos llenar de falsas expectativas de vivir una vida perfecta, la cual es imposible vivir en este mundo caído. Tendremos que enfrentar las consecuencias de vivir en este mundo imperfecto de la mano de nuestro Dios perfecto, que por medio del poder de su Espíritu Santo nos ayuda a enfrentar las adversidades de la vida y salir más que victoriosos de ellas.

El mantenernos conectados con nuestro Padre Celestial nos ayudará a sobrepasar las pruebas que hemos enfrentado como, por ejemplo, las heridas del pasado, y enfrentar con gallardía las adversidades futuras, de la mano de Jesús.

Al vivir en un mundo imperfecto contaminado con el pecado y las influencias demoniacas que rigen en los lugares celestiales, todos tendremos que lidiar con las heridas provocadas por vivir en este mundo imperfecto. De niños es muy posible que hayamos vivido experiencias traumáticas que pueden afectar nuestro presente.

En muchas ocasiones no nos percatamos de que los problemas del presente son producto de heridas del pasado sin resolver. Los seres humanos, por alguna razón que no entiendo a cabalidad, atacamos los síntomas del problema, no la raíz de ellos.

Esto ocurre mucho en la medicina moderna. Tenemos un sistema de salud que se enfoca en los síntomas de la enfermedad y no se combate la raíz de la enfermedad. Se receta un medicamento para mitigar los síntomas, pero no hay un plan preparado para sanar la enfermedad. Nuestro sistema de salud no es preventivo, sino reactivo.

Le doy gracias a Dios que en los últimos años esto ha ido cambiando porque se han levantado hombres y mujeres de ciencia con mucho conocimiento de cómo nuestros cuerpos funcionan y qué tipos de alimentación, vitaminas, minerales pueden aportar para prevenir enfermedades futuras.

En nuestra área emocional sucede muy similar a lo que enfrentamos en nuestra área física. Intentamos mitigar los síntomas como la ansiedad, ataques de pánico, depresión, pero no enfrentamos la raíz del problema. En la mayoría de los problemas emocionales y en nuestras situaciones internas, un factor común está relacionado al desarrollo de nuestra niñez.

Las heridas del pasado, sin resolver, son un factor que puede provocar en nosotros inestabilidad en nuestra área emocional. De no reconocerlas y atenderlas, nos afectarán significativamente en todas las áreas de nuestra vida. Las heridas del pasado sin resolver pueden cambiar nuestra cosmovisión de vida a tal punto que nuestra realidad se puede distorsionar por medio de pensamientos provocados por esas heridas sin resolver.

He conocido personas que, al no poder superar las heridas del pasado, viven en resentimiento contra Dios y han llegado a pensar que ellos nacieron en esta vida para sufrir. Suelen ahogarse en el dolor, sufrimiento y rechazo, tomando una posición de víctima que en su inconsciente los hace sentir seguros. Esta posición los priva de todas las bendiciones que Dios ha diseñado para cada uno de nosotros.

Las heridas del pasado, sin resolver, son un factor que puede provocar en nosotros inestabilidad en nuestra área emocional.

Creo que en alguna ocasión en mi vida yo asumí esa misma conducta, echándoles la culpa de mis fracasos presentes a las situaciones pasadas. Esto nos produce amargura en nuestro corazón y no podemos ver que nuestro Dios es uno de nuevas oportunidades que puede sanar las heridas de nuestro pasado y levantarnos aún de la crisis más grandes que hayamos enfrentado.

Si comprendemos que Dios utiliza las adversidades de nuestra vida con propósitos eternos, los cuales nos llevarán a la vida abundante que Él nos quiere dar, desarrollaremos una óptica diferente ante las adversidades de la vida. Cuando comenzamos a ver la vida bajo la visión de nuestro creador, nuestra mentalidad comienza a cambiar y podemos enfrentar con firmeza las adversidades de la vida y sanar las heridas de nuestro pasado.

Romanos 12:2 nos enseña que debemos renovar nuestro entendimiento para que podamos comprobar que la voluntad de Dios para nosotros es agradable y perfecta. Para vencer aquellas cosas que nos están alejando de la vida abundante que Dios nos quiere dar debemos permitirle al Espíritu Santo que renueve nuestros pensamientos a través de los principios de la Palabra de Dios. Esto provocará que nuestra vida tome un giro diferente de una vida de tristeza, amargura, dolor, por una vida con propósito.

El Espíritu Santo es muy importante en la vida de cada uno de nosotros. Él es quien nos conecta con nuestro Padre Celestial. El Espíritu Santo no es una fuerza; es una persona que cuando aceptamos a Jesús como nuestro único Señor y Salvador viene a morar en nuestros corazones. Lo hermoso del Espíritu Santo es que tiene el poder, por medio de la revelación de Jesucristo en nosotros, de ser nuestro sanador y transformar nuestra vida para siempre. Jesús nos habló de la importancia del Espíritu Santo en nuestras vidas.

Pero cuando venga el Espíritu de verdad, él os guiará a toda la verdad; porque no hablará por su propia cuenta, sino que hablará todo lo que oyere, y os hará saber las cosas que habrán de venir. Él me glorificará; porque tomará de lo mío, y os lo hará saber. Todo lo que tiene el Padre es mío; por eso dije que tomará de lo mío, y os lo hará saber.

-Juan 16:13-15

El Espíritu nos lleva a conocer la verdad y esa verdad es Jesús. En el evangelio de Juan 8:31-38, Jesús le estaba hablando a los judíos que, si permanecían en Él, serían sus discípulos, conocerían esa verdad y la verdad los haría libres. En el versículo 36 les dijo:

Así que, si el Hijo os libertare, seréis verdaderamente libres.

Cuando desarrollamos una relación con la tercera persona de la Trinidad, el Espíritu Santo, podemos experimentar una vida de libertad entendiendo cuál es la voluntad de Dios para nuestra vida.

Todas las personas interpretamos las adversidades de diferente manera. Hay personas que enfrentan una enfermedad de gravedad y la ven como una oportunidad de ver un milagro de Dios en sus vidas. Otros, al enfrentar la misma enfermedad, la interpretan que ya les ha llegado la hora de morir, esto los lleva a caer en una profunda depresión y, por consiguiente, sus cuerpos se deterioran y terminan muriendo. Los dos enfrentan la misma enfermedad, pero los dos la interpretan de una manera distinta.

Esto nos enseña sobre la importancia de cómo interpretamos las adversidades que estamos viviendo o vamos a vivir. Las enfrentaremos con una actitud positiva creyendo que la voluntad de Dios se cumplirá en nuestras vidas pase lo que pase, o, por el contrario, solo miraremos el lado negativo de la situación, sumergiéndonos en pensamientos que solo destruyen y apagan la fe y la confianza en un Dios fiel, poderoso y que está en control de nuestras vidas.

En una etapa de mi vida exaltaba mucho los problemas y esto me producía una carga emocional muy grande que me afectaba en mi función diaria. Mi mente solo se ocupaba de la situación que estaba enfrentando y pensando en lo negativo que podía producir la misma. En realidad, me auto laceraba por medio de mis pensamientos que me quitaban la paz. En vez de pensar en las soluciones y oportunidades que podían producir una prueba, me enfocaba en lo negativo de ella.

Desagradables situaciones de la niñez

Todo cambió cuando el Espíritu Santo habló a mi corazón y me mostró por qué yo estaba amplificando las adversidades y sacándolas de proporción. Me mostró por qué no podía enfocarme en las bendiciones que Dios me estaba dando y solo me enfocaba en las adversidades. El Espíritu Santo, del cual aprendimos que nos lleva a toda verdad, me dejó ver que todavía había traumas de mi niñez y juventud que no había superado.

Comencé a recordar las diferentes situaciones que marcaron mi vida negativamente en mi niñez, las cuales llegué a pensar en algún momento que no eran relevantes en mi vida y que no me afectarían. En mi juventud tenía una apariencia de un joven duro, fuerte de temperamento y estable emocionalmente, pero la realidad era otra y hasta yo no me había dado cuenta de que todo era una cobertura para que no vieran mi fragilidad.

Cuando era niño pasé por diferentes situaciones que estaban marcando mi vida sin darme cuenta. Mis padres, cuando mis hermanos y yo éramos niños, añadieron a nuestro núcleo familiar a mi abuela materna para que viviera con nosotros y ella no estuviera sola en su casa. Mi abuela no era cristiana y sus padres la habían criado en un entorno de espiritismo y brujería. Lo que mi abuela conocía y practicaba activamente, aún siendo anciana, era ese estilo de vida. Cuando comenzó a vivir con nosotros se escapaba para los centros de espiritistas a practicar lo que ellos hacían. No solamente acudía a estos lugares, si no que identificó vecinos de nuestra urbanización que practicaban el espiritismo y se reunía con ellos a hacer sus cosas. Tengo muchos recuerdos de mi niñez, junto a mis hermanos, que fueron traumáticos.

Mi abuela, a lo menos dos veces en la semana, era poseída por espíritus malignos que se manifestaban en agresividad, gritos, cambiando la voz y hablando como un hombre maldecía, hacía movimientos bruscos, corría y si este evento ocurría cuando ella estaba durmiendo, las contorsiones y los gritos eran espeluznantes. Para poder describir estos eventos y que lo puedas entender con más claridad, era como estar presente en una película de exorcismos que no le recomiendo a nadie que la vea. Estos eventos vividos trajeron mucha inestabilidad a mis padres y a nosotros, los niños. No solo era lo que ella hacía, sino el ambiente espiritual que se manifestaba en cada posesión satánica. En mí, esta situación creó un sentido de que pasaría algo malo en algún momento en nuestra casa. Mis recuerdos de niño junto a mis hermanos era que, a pesar de que todo estuviera tranquilo, estábamos a la expectativa de que en algún momento todo se saldría de control y mi abuela haría de las suyas. Esto creó en mí un sentido de alerta exagerado que siempre estaba a la expectativa de que algo malo iba a ocurrir. Las consecuencias de vivir estas experiencias las comencé a experimentar en mi juventud. Todo fue acumulativo, lo que creó que estuviera alerta en todo momento, pensando que algo negativo ocurriría a nuestro alrededor, o que me ocurriría a mí. Esto me provocó una mentalidad de defensa catastrófica y de alerta hacia la sobrevivencia, donde mi enfoque era resolver el lado negativo de la vida. Esta mentalidad me estaba privando de disfrutar las bendiciones de la vida.

En mi adultez, cuando comencé a padecer de ansiedad y ataques de pánico, pude descubrir por medio del Espíritu de Dios, que estas experiencias vividas en mi niñez fueron parte de la fuente del problema que estaba enfrentando. Esto provocaba que mi mente magnificara los problemas. Aún cuando las cosas no estaban tan mal, pensaba que algo terrible ocurriría.

Al poder identificar que muchas de las situaciones negativas emocionalmente tenían que ver con esas experiencias vividas en mi niñez, comenzó un proceso de sanidad interior. Esta es la importancia de descubrir qué está produciendo la enfermedad y no enfocarnos en los síntomas, como había mencionado antes. La liberación de nuestra vida está vinculada a desatar las cadenas del pasado que nos privan de la vida de bendición que Dios nos quiere dar en Cristo. Jesús fue preso, encarcelado, murió como un delincuente, para que nosotros fuéramos libres en todas las áreas de nuestra vida.

En nuestra vida todo ocurre con un propósito a pesar de que las experiencias del pasado hayan sido muy negativas. Dios puede tornar nuestros desiertos áridos en desiertos de bendición cuando nos depositamos en sus manos y le pedimos a Él que haga su voluntad en nosotros. Esto provocará que nuestra mentalidad cambie al enfrentar las adversidades de la vida.

La liberación de nuestra vida está vinculada a desatar las cadenas del pasado que nos privan de la vida de bendición que Dios nos quiere dar en Cristo.

La experiencia vivida con mi abuela fue traumática, pero a la misma vez me estaba preparando para el futuro. Me explico: al iniciar el ministerio de adorador y evangelista comencé a predicar en muchas congregaciones en mi isla, Puerto Rico, y en otros países. A lo largo de los años de ministerio pude observar que Dios me estaba utilizando para orar por personas atadas por espíritus demoniacos y que por medio del poder del Espíritu Santo ellos fueran libres de estas opresiones. De igual manera, en el pastoreado he podido ver cómo la autoridad de Dios me ha acompañado en esta área de la liberación espiritual de algunas personas que han llegado a nuestra congregación atadas con espíritus malignos.

He conocido a cristianos y a pastores que les da mucho temor enfrentar una situación donde les toque orar por personas que están endemoniadas y comiencen a manifestar exteriormente su condición espiritual, perdiendo el control de su conciencia y cuerpos donde el demonio que vive dentro de ellos se comienza a manifestar. El que ocurra esto en una congregación, casa o en cualquier lugar es algo sumamente incómodo y delicado de trabajar. Hay que estar preparado espiritualmente para intervenir en estos casos; esto no es un juego.

Las experiencias vividas en mi niñez de ver a mi abuela en muchas ocasiones poseída por demonios, donde mi papá y el pastor de la iglesia tenían que orar por ella reprendiéndole los demonios que la atormentaban, y ver la liberación que en ella ocurría en el nombre de Jesús, que es el nombre sobre todo nombre, me estaba preparando para mi futuro. A muchos ministros les da miedo intervenir en una situación como esta. A mí, en particular, no me ocurre porque ya estoy acostumbrado a ver esta situación desde mi niñez. Esta experiencia me enseñó que aún las cosas negativas de nuestras vidas, Dios las puede tornar para bien si nos ponemos en sus manos. Lo que me provocaba temor y angustia cuándo niño, Dios lo estaba convirtiendo en una fortaleza. La Palabra nos enseña en Romanos 8:28:

> *Y sabemos que a los que aman a Dios, todas las cosas les ayudan a bien, esto es, a los que conforme a su propósito s on llamados.*

Necesitamos entender que Dios está en control de todas las cosas y que Él tiene nuestro futuro en sus manos. Las adversidades de nuestro presente, si permanecemos en Dios, se pueden convertir en nuestras fortalezas. La voluntad de Dios para sus hijos es siempre buena. Quizás no te encuentras pasando tu mejor momento, pero esto no significa que Dios no se ha de glorificar en tu vida. La película de tu vida no ha terminado. Lo bueno es que el final de la película, para los hijos de Dios tendrá un final feliz. Esa es la voluntad de Dios para tu vida. Enfrentaremos diferentes adversidades, pero ninguna de ellas determinará nuestro presente ni nuestro futuro.

Nuestro presente y futuro están seguros en las manos de nuestro Padre Celestial. Las pruebas nos preparan para victorias futuras y nos capacitan para que el propósito de Dios se cumpla sobre nuestra vida. Las experiencias traumáticas en nuestra niñez pueden afectarnos grandemente, pero si permitimos que Dios tome el control de nuestra vida, esas experiencias nos ayudarán en nuestro presente, capacitándonos para vencer las pruebas venideras y ayudar a otras personas que están pasando por nuestras mismas experiencias.

La historia de mi madre

Quiero contarles un poco de la historia de mi madre, Amelia Rodríguez, quien tuvo que enfrentar diferentes adversidades muy duras desde su infancia. Mi madre se crió en un hogar de bajos recursos. Su padre era bastante mayor, exmilitar del ejército de los Estados Unidos y con su madre tenía la situación que les conté antes. En el ambiente que se crió se practicaba el catolicismo y a la misma vez el espiritismo como muchas familias de Latinoamérica.

El espiritismo era una práctica cotidiana en su hogar. Los altares con santos y dioses paganos eran una práctica regular. Su madre, en su ignorancia, tenía estas prácticas que ella había aprendido. Según los relatos que mis padres nos contaban, mi abuela era una especie de médium que aún realizaba sus prácticas en el seno de su hogar desde que ellos eran niños. La falta de conocimiento y las tradiciones religiosas paganas de las generaciones anteriores marcaban negativamente a la generación siguiente. Eso fue lo que sucedió en esta familia. Sus hermanos y ella fueron afectados de formas directa e indirecta de criarse en un ambiente no saludable espiritualmente. Le damos gracias a Dios que hoy día algunos de sus hermanos conocieron a Jesús y le entregaron su vida a Él.

Mi madre, a pesar del entorno donde estaba viviendo, quiso superarse e hizo un bachillerato de maestra de historia en la Universidad de Puerto Rico Recinto de Mayagüez. En ese entonces era una de las universidades más prestigiosas de nuestra área. Después de cursar sus estudios universitarios se casó con mi padre, Manuel Irizarry, formando un hogar. Tuvieron 3 hijos: Manuel, a quien llamamos Manolo hasta el día de hoy, no sé por qué; mi hermana Karen; y yo, el hijo menor. Mis padres, después de llevar algunos años de casados visitando la Iglesia Católica, Dios los dirigió a otra congregación, la Iglesia Presbiteriana, la cual los ayudó a conocer un Dios más personal. Todo parecía marchar bien, tenían una buena relación, buenos trabajos, tres hijos, estaban construyendo la casa de sus sueños hasta terminarla sin ningún tipo de deudas. Pero pronto después de mudarnos a esta nueva casa, comenzaríamos una prueba que duraría por largos años. La acumulación de los problemas que mi madre enfrentó en su niñez le pasó factura emocionalmente por situaciones sin resolver, y los problemas que estábamos enfrentando en el hogar con la situación de mi abuela y sus posesiones demoniacas, mi mamá se enfermó de los nervios a tal punto que la tuvieron que hospitalizar.

Para nuestro núcleo familiar fue muy duro. Mis hermanos y yo no entendíamos a cabalidad lo que estaba sucediendo porque éramos niños. Nadie sabe el sufrimiento que experimentamos durante años. Aún los familiares externos de nuestro núcleo familiar no sabían el impacto que eso estaba teniendo en nuestras vidas. De este tema no se habla mucho, pero fue un detonante muy duro para nuestra familia.

Como niños no sabíamos a cabalidad lo que estaba ocurriendo, pero era evidente que estábamos enfrentando una gran crisis familiar. Las hospitalizaciones de mi madre y el cambio en su personalidad estaban dejando marcas en nuestro corazón. Como familia enfrentamos esta situación de la mano de Dios con la ayuda de algunos familiares y hermanos en la fe.

Todo este desierto, en cierta manera, nos estaba formando. Tengo un dicho de que las pruebas pueden provocar diferentes cosas en nosotros. Dependiendo de nuestra actitud frente a ellas, nos pueden destruir o hacernos más fuertes; yo decidí que me hicieran más fuerte. En la actualidad mi madre lleva estable muchos años, y a pesar de las adversidades, vimos la mano de Dios. Al meditar en esta situación pude ver que los problemas que enfrenté en algún momento dado de mi vida, como los ataques de pánico, la ansiedad y la tristeza sin razón, fueron producidos por asuntos internos sin resolver. Una de las cosas que pude ver fue que sin darme cuenta estaba imitando a mi madre, preocupándome con razón y sin razón. Esto me estaba llevando a ver problemas donde no los había, amplificando las situaciones de vida a otro nivel. Cuando el Espíritu de Dios me reveló lo que estaba sucediendo en mi mente, comencé a batallar en contra de esto. Comencé a creer lo que la Escritura afirmaba de mí y las promesas hermosas que me llevaban a tener control de mis emociones, ayudándome a vivir una vida abundante.

Un principio que quiero que atesores en tu corazón es que los creyentes nacidos de nuevo adquirimos el ADN espiritual de nuestro Padre Celestial. En Jesucristo somos nuevas criaturas; las cosas viejas pasaron, todas son ellas nuevas (ver 2 Corintios 5:17). Nuestra manera de pensar, actuar y asimilar las pruebas de la vida cambia.

Solución: aferrarse a Dios

Cuando entendí esto, comencé a internalizar cuál era la buena voluntad de Dios para mi vida. Me llené de valor y de fuerzas para enfrentar los gigantes que no me dejaban vivir una vida en plenitud. Es bien importante cambiar nuestra manera de pensar y de interpretar la vida. Ninguno de nosotros está exento de pasar dificultades, enfermedades, y fracasos. El éxito dependerá de cómo los enfrentemos.

Si los traumas del pasado no superados han provocado que no puedas ver la voluntad de Dios para tu vida, la cual es buena, agradable y perfecta, necesitas pedirle a Dios que sane las heridas de tu corazón.

Lamentablemente he conocido personas que han fracasado en su matrimonio, y en otras áreas han tenido problemas emocionales. Buscaron ayuda pastoral, fueron a profesionales de la salud mental como a psicólogos y consejeros, pero aun así después de muchos años, en vez de mejorar, han empeorado. Viven amargados, sufriendo y haciendo sufrir a las personas que están a su alrededor. Se han resignado a vivir vidas mediocres en todos los ámbitos; sueñan con ser felices, pero no hacen nada a su favor. El problema mayor de estas personas es que no pueden comprender que la voluntad de Dios para ellos es llevarlos a una vida nueva llena de plenitud donde puedan experimentar la abundancia de Dios en todas las áreas de su vida y sean libres de aquellas cosas que los agobian. Amado lector, Dios quiere cambiar tu tristeza en alegría. Jesús vino al mundo con buenas noticias.

Lucas 4:18 nos enseña para qué vino Jesús al mundo. Menciona dos cosas muy importantes: dice que Él vino a sanar los quebrantados de corazón y a predicar libertad a los cautivos.

La voluntad de Dios para tu vida es hacerte libre de aquellas cosas que te están agobiando. La voluntad de Dios para la vida de sus hijos es agradable y perfecta. Las adversidades de la vida, si nos rendimos a Él, las utilizará a nuestro favor. En Romanos 12:2 dice:

No os conforméis a este siglo, sino transformaos por medio de la renovación de vuestro entendimiento, para que comprobéis cuál sea la buena voluntad de Dios, agradable y p erfecta.

Quizás tú puedas estar pensando, "pastor, el sufrimiento que he estado pasando, las heridas del pasado no son una vida perfecta para mí". Quiero decirte que la vida en su naturaleza caída no es perfecta, pero en Jesucristo podemos alcanzar la plenitud y la perfección en Dios. Cuando la Biblia nos habla de perfección no se está refiriendo a no experimentar debilidades o adversidades. Perfección se está refiriendo a un creyente maduro que aprende a enfrentar sus debilidades y estar firmes frente a ellas.

La paz os dejo, mi paz os doy; yo no os la doy como el mundo la da. No se turbe vuestro corazón, ni tenga miedo.

-Juan 14:27

Jesús nos promete una paz que no depende de nuestras posesiones, logros, estudios, dinero, ni relaciones, o el ambiente que nos rodea. La paz que Él nos está ofreciendo es que, a pesar de que estamos viviendo en un mundo caído, su presencia es suficiente para llenarnos de una paz que sobrepasa el entendimiento humano. Como pastor he tenido que estar con personas agonizando en la cama de un hospital, he tenido que despedir en funerales a feligreses que se han convertido en parte de nuestra familia. Estas experiencias son muy duras y nos pueden desestabilizar momentáneamente. Nos sentimos tristes por algunos días y es completamente normal que experimentemos ese tipo de dolor. Pero algo de lo que estoy seguro es que cuando tenemos nuestra esperanza en Jesús, Él nos levanta en medio del dolor que estemos experimentando y en Él encontramos una paz que no podemos experimentar naturalmente.

Perfección se está refiriendo a un creyente maduro que aprende a enfrentar sus debilidades y estar firmes frente a ellas.

Hay un personaje bíblico que admiro mucho, quien pasó por diferentes adversidades que a muchos nos hubiera sacado de carrera. Como les he dicho antes, es el Apóstol Pablo, que en el libro de 2 de Corintios 11:23-28, nos habla de lo que había tenido que sufrir por predicar el evangelio de Jesucristo. Te recuerdo que fue azotado en 5 ocasiones por los judíos, recibiendo 39 latigazos; en tres ocasiones fue azotado con varas; una vez fue apedreado; tres veces padeció naufragio; estuvo en peligro de ladrones, de su nación, por los gentiles y en peligro de los falsos hermanos en Cristo; en trabajo duro; en fatiga; en muchos desvelos; en hambre y en sed; en muchos ayunos; en frío y desnudez; y con la preocupación de la Iglesia. A esto le añadimos el luchar con un aguijón que lo abofeteaba tres veces al día. En fin, él tenía todas las excusas para sentirse miserable y abandonado por Dios. Sin embargo, esa no fue su actitud. En la carta dirigida a la iglesia que estaba situada en Roma vemos a un Pablo lleno de ánimo motivando a la Iglesia.

Antes, en todas estas cosas somos más que vencedores por medio de aquel que nos amó. Por lo cual estoy seguro de que ni la muerte, ni la vida, ni ángeles, ni principados, ni potestades, ni lo presente, ni lo por venir, ni lo alto, ni lo profundo, ni ninguna otra cosa creada nos podrá separar del amor de Dios, que es en Cristo Jesús Señor nuestro.

-Romanos 8:37-39

De la actitud del Apóstol Pablo podemos aprender a perseverar y confiar en Dios en medio de las adversidades de la vida. Creo que, si confiamos en Dios y nos aferramos a sus promesas, cambiará nuestra actitud frente a las adversidades de la vida. La actitud del Apóstol Pablo no fue una de queja, sino una de fe y esperanza en nuestro Señor Jesucristo. El Apóstol Pablo, en medio del dolor, no tomó la posición de víctima; tomó la posición de un más que vencedor. Él entendía cuál era la voluntad de Dios para su vida y a pesar de las circunstancias negativas que lo rodeaban, él sabía que la voluntad de Dios para su vida era agradable y perfecta.

La pregunta que nos debemos hacer en este momento es: ¿por qué el Apóstol Pablo desarrolló una buena actitud frente a las adversidades de la vida? Estudiando las cartas qué les envió a las iglesias, el factor principal de su estabilidad emocional y espiritual era su enfoque.

> *Por tanto, nosotros también, teniendo en derredor nuestra tan grande nube de testigos, despojémonos de todo peso y del pecado que nos asedia, y corramos con paciencia la carrera que tenemos por delante, puestos los ojos en Jesús, el autor y consumador de la fe, el cual por el gozo puesto delante de él sufrió la cruz, menospreciando el oprobio, y se sentó a la diestra del trono de Dios.*
>
> *-Hebreos 12:1-2*

Hay un debate con el libro de Hebreos. Muchos teólogos dicen que el Apóstol Pablo no escribió este libro. Pero otros piensan que él fue su autor. Yo soy de los que piensan que él fue su autor; hay muchas cosas escritas que se me parecen a él. Entendiendo que él fue su autor, en estos versículos puedo ver qué lo llevó a tener éxito frente a las adversidades de la vida. Fue su enfoque, puestos los ojos en Jesús. El Apóstol Pablo no se enfocaba en los problemas. Su mirada estaba puesta en Jesucristo, el cual le daba unas fuerzas sobrenaturales para salir victorioso frente a la adversidad.

El camino a la liberación emocional tiene que ver mucho con dónde está nuestro enfoque. Cuando nuestro enfoque está en Jesús y en su Palabra tendremos los recursos necesarios para salir airosos de cualquier prueba que enfrentemos. El enfocarnos en Jesús, no en el problema, cambia nuestra actitud frente a la adversidad. Para enfrentar el desánimo, los ataques de pánico, la depresión, deberás mantener tu mirada en Jesucristo y en las promesas maravillosas que Él tiene para tu vida.

Quiero que sepas que la voluntad de Dios para tu vida es buena. Dios te ama, eres su hijo, Él quiere cambiar tu dolor en alegría. Uno de los principios que me ayudaron a vencer los ataques de pánico, la ansiedad y la tristeza, fue saber que hay un Dios que tiene un futuro bueno y maravilloso para mi vida; que en Dios es posible vencer las adversidades que podremos enfrentar.

Hoy disfruto de una familia muy hermosa con mi amada esposa Lydia y mis dos hijos, Adrián y Victoria. En ellos puedo ver que las promesas de Dios son reales. No tienes que vivir en tristeza ni dolor. Dios quiere liberarte en Jesucristo; es posible. Hoy debes visualizar tu milagro de liberación. Sé que Dios tiene propósitos buenos con tu vida. El plan de nuestro Padre Celestial es bueno para ti. Esta es su voluntad.

9
UN LLAMADO

Porque cuantas veces hablo, doy voces, grito: Violencia y destrucción; porque la palabra de Jehová me ha sido para afrenta y escarnio cada día. Y dije: No me acordaré más de él, ni hablaré más en su nombre; no obstante, había en mi corazón como un fuego ardiente metido en mis huesos; traté de sufrirlo, y no pude.

-Jeremías 20:8-9

Algunos eruditos de la Escritura le llaman a Jeremías "el profeta llorón". Este adjetivo, en mi humilde opinión, me parece fuera de contexto y de lugar porque la realidad que vivía el profeta Jeremías era de mucha hostilidad y persecución por causa de hablar la Palabra de Dios. Los profetas de los que se nos habla en la Escritura tenían la difícil encomienda de señalar el pecado de los gobernadores, reyes y las personas que estaban en lugares de prominencia, dándoles a conocer el juicio de Dios por sus pecados.

Un ejemplo muy conocido por la mayoría de los cristianos es lo que le costó la vida al profeta Juan el Bautista. Cuando Juan el Bautista confrontó el pecado del gobernador de Galilea, Herodes Antipas, que quería tomar la mujer de su hermano Filipo. Este señalamiento lo llevó directamente a la cárcel. Cuando Herodes cumplió años, la hija de Herodías bailó delante de él y los invitados. Este baile sensual cautivó el corazón del Gobernador Herodes, a quien le agradó y le prometió concederle lo que ella deseara. Entonces la hija de Herodías le pidió la cabeza de Juan el Bautista, y Juan el Bautista perdió su vida (ver Mateo 14:1-12).

En los tiempos antiguos la vida de los profetas era muy peligrosa, solitaria y sufrida. Los profetas de mi época y los que se dicen llamar profetas parecen ser artistas más que siervos de Dios. Son aclamados por las masas, amados y cuidados como reyes. La mayoría de ellos solo hablan palabras genéricas agradables, buscando el favor de sus seguidores y provocando que su fama e influencia crezcan.

Esta no era la realidad de los profetas que nos hablan las escrituras. Ellos tenían unas vidas muy solitarias donde sufrían a causa de su llamado, como en el caso de Jeremías. Creo que la gran mayoría de nosotros, por no decir todos, si pasáramos por las adversidades que tuvo que enfrentar Jeremías, también seríamos llamados los profetas llorones. Cuando estudiamos el libro de Jeremías, nos damos cuenta de que como profeta de Dios tuvo que ser un vocero de malas noticias, llevando un mensaje de juicio para las personas que desobedecían a Dios y estaban en autoridad. Esto le trajo a su vida persecución, sufrimiento y soledad. Si hacemos un análisis profundo de la vida de Jeremías, podríamos llegar a la conclusión de que él pasó por diferentes depresiones, lo cual expresó por medio de quejarse ante Dios y abandonar su ministerio.

El servirle a Dios conlleva muchas presiones y si no las manejamos correctamente, nos pueden sumergir en ansiedad y llevarnos a la depresión. En el año 2024 escuché algunas noticias muy tristes sobre pastores y esposas de pastores que estaban luchando con la depresión y terminaron quitándose su vida. Estas noticias nos hablan de una realidad que aún los cristianos y los escogidos de Dios pueden pasar por una situación emocional que puede salirse de control, llevándolos a luchar en contra de depresión. Es importante, como ya lo he escrito en otros capítulos, que ante una situación aguda emocionalmente es saludable buscar ayuda profesional.

Al igual que Jeremías, cada uno de nosotros tiene una asignación particular en nuestra vida, la cual es un llamado de Dios. No necesitamos tener un puesto eclesiástico dentro de la iglesia para cumplir nuestro propósito como siervos de Dios. Dios nos coloca en lugares de influencia para ser luz en medio de una sociedad que no conoce a Jesús. Por medio de nuestro testimonio y estilo de vida otros pueden conocer a Dios a través de Jesús y sus vidas ser transformadas por el poder del Espíritu Santo. De esta manera las personas podrán vivir la plenitud de Dios en sus vidas. El propósito principal que tenemos todos los seres humanos en común es que por medio de nuestras vidas exaltemos a nuestro Padre Celestial.

Siervos, obedeced en todo a vuestros amos terrenales, no sirviendo al ojo, como los que quieren agradar a los hombres, sino con corazón sincero, temiendo a Dios. Y todo lo que hagáis, hacedlo de corazón, como para el Señor y no para los hombres; sabiendo que del Señor recibiréis la recompensa de la herencia, porque a Cristo el Señor s ervís.

-Colosenses 3:22-24

Dios te creó con propósito, no eres una casualidad del universo. Naciste en el corazón de Dios antes de que estuvieras en el vientre de tu madre. Cuando Jeremías recibió el llamado de parte de Dios, se le reveló este ministerio que antes de estar en el vientre de su madre, Dios le había conocido.

Vino, pues, palabra de Jehová a mí, diciendo: Antes que te formase en el vientre te conocí, y antes que nacieses te santifiqué, te di por profeta a las naciones.

-Jeremías 1:4-5

Claramente podemos ver en estos versículos que antes de que papá y mamá nos planificaran, Dios nos había conocido. No solamente nos conoció antes de estar en el vientre de nuestras madres, sino que tenía un propósito, una asignación definida para cada uno de nosotros. Nuestro nacimiento no fue una casualidad, nacimos por la voluntad del Dios todopoderoso con propósitos divinos.

Dios te creó con propósito, no eres una casualidad del universo

---

El verdadero arrepentimiento

Entender que nuestra vida es importante para Dios nos da sentido de vida. Dios tiene una vida programada para cada uno de nosotros si nos mantenemos en su plan para nuestra vida y no lo alteramos con nuestras malas decisiones. Muchas de las crisis que enfrentamos los seres humanos tienen que ver cuando decidimos tomar otra senda que Dios no ha diseñado para nosotros. Esto puede ocurrir cuando permitimos que nuestra naturaleza de pecado tome control de nuestras vidas, doblegándonos a los deseos e impulsos de la carne. Como pastor, he podido ver cómo cristianos nacidos de nuevo han abortado el plan de Dios para sus vidas tomando decisiones que los han apartado del plan hermoso que Dios tenía para ellos.

Aún más, en mis años de ministerio he visto cómo cristianos y líderes muy prominentes, que han sido de mucha bendición para el cuerpo de Jesucristo, tomaron malas decisiones desviándose del plan de Dios para sus vidas causando mucho dolor a sus seres amados y a las personas que los tenían en alta estima. Un adulterio, cambiar posturas bíblicas abrazando herejías, el quebrantar las leyes terrenales, entre otros pecados, los han alejado del plan de Dios para sus vidas. Esto no solo causa dolor en sus seres amados sino en ellos, que sufren en silencio por sus malas decisiones y muchas veces por el orgullo de no reconocer sus faltas. Al no reconocer sus errores, Dios no los puede restaurar nuevamente. La clave para Dios levantar al caído es el arrepentimiento. La Biblia nos enseña que siete veces se cae el justo y siete veces se vuelve a levantar (ver Proverbios 24:16).

Lo único que necesita un ser humano para levantarse de nuevo es un corazón arrepentido que reconoce sus faltas y vuelve a Dios. De no hacer esto se alejará del propósito de Dios, trayendo mucho dolor a su vida y a los que le rodean. Cuando Dios nos advierte por medio de su Palabra que nos alejemos del pecado, lo hace con el propósito de cuidarnos de las consecuencias nefastas que produce el pecado en nosotros: trae mucho dolor y nos aleja de la voluntad de Dios para nosotros.

La clave para Dios levantar al caído es el arrepentimiento.

Quiero poner algunos ejemplos para explicar el dolor que puede producir en nosotros el desobedecer los principios de la Palabra de Dios. Cuando una familia experimenta una infidelidad de uno de los cónyuges, ese adulterio trae mucho dolor al núcleo familiar. El cónyuge que fue traicionado pasará por un proceso donde tendrá que lidiar con heridas muy profundas que pueden producir desconfianza en las relaciones de pactos, tristeza, amargura, enojo, ira, soledad, y en algunos casos, baja autoestima. Pasarán por un proceso de luto y necesitarán ayuda de amigos, ministros, consejeros o profesionales de la salud mental para levantarse de esta herida tan profunda y poder comenzar un proceso de sanidad interior.

Si tienen hijos en común, estos se verán afectados directamente por la mala decisión de uno de los padres, trayendo dolor e incertidumbre en sus corazones. Como pastor he visto muy cerca lo que ocurre en los hogares cuando están enfrentando una infidelidad de alguno de los cónyuges. La mayoría de las personas llegan a una acción como esta, cuando han permitido que su relación con Dios se enfríe, dándole paso a los deseos de la carne que toman control de sus acciones sin ellos poder medir las consecuencias. De esta manera, su naturaleza caída toma dominio de su ser interior y su ser espiritual, el cual busca a Dios, mengua.

En algunos casos el ofensor despierta de su letargo espiritual y se da cuenta del daño que ha producido a los seres que ama. Esto lo lleva en arrepentimiento a pedir perdón con el deseo sincero de restaurar la relación y ganar la confianza de su cónyuge. A pesar su arrepentimiento genuino, con su decisión cambió temporeramente el rumbo de su familia y el propósito que Dios tenía para ellos. Algunos logran ver la restauración de sus hogares y otros, lamentablemente, a pesar de su arrepentimiento, nunca pudieron restablecer su relación matrimonial a causa de su adulterio.

En este ejemplo podemos ver que una persona que toma una mala decisión puede cambiar su destino en Dios, afectando su vida y la vida de los seres amados que lo rodean. No obedecer la Palabra de Dios nos lleva por un camino que Él no preparó para nosotros. La Palabra nos enseña que Dios tiene un camino de buenas obras que preparó para que camináramos en ellas.

Porque somos hechura suya, creados en Cristo Jesús para buenas obras, las cuales Dios preparó de antemano para que anduviésemos en ellas.

-Efesios 2:10

Cuando caminamos en obediencia y somos conscientes de que Dios nos llamó, que Él tiene un plan eterno para cada uno de los que hemos nacido en Jesucristo, permanecemos en los principios de su Palabra, los cuales nos librarán de experimentar el dolor del pecado. En mi experiencia pastoral, al atender personas con crisis emocionales profundas, me he percatado que en la mayoría de ellos hay un factor en común. Existe un detonante que está provocando esta crisis emocional.

Ejemplo de esto son las heridas no superadas del pasado, el abandono de sus padres, la infidelidad de un cónyuge, la pérdida de un familiar, la adicción a sustancias ilícitas, la adicción a pornografía, el núcleo de personas tóxicas que los rodean. Todos estos factores, entre otros más, pueden provocar que las personas experimenten traumas emocionales que fueron provocados por el pecado de un cercano o por el de ellos mismos.

El pecado, el cual se define como desobedecer a Dios, trae mucho dolor al ser humano y lo aleja de la plena voluntad de Dios. ¡Qué bueno que en Jesucristo hay buenas noticias, no importa qué situación estés viviendo y cuál fue el detonante para que estuvieras luchando con la ansiedad, ataques de pánico, depresión! En Jesucristo hay una nueva oportunidad para restaurar tu vida y disfrutar de la vida plena que Dios te quiere dar. El llamado de Dios para tu vida tiene el propósito de que camines en sus sendas, las cuales te llevarán a un lugar seguro, lleno de abundancia y bienestar.

Mis planes para ti solamente yo los sé, y no son para su mal, sino para su bien. Voy a darles un futuro lleno de bienestar.

-Jeremías 29:11 (TLA)

El camino que Dios tiene para nosotros en ocasiones suele ser bastante complicado y difícil de transitar. Jesús habló de la puerta estrecha y la puerta ancha. Habló de dos caminos, uno ancho que lleva a la perdición y uno estrecho que lleva a la vida, y son pocos los que lo hallan (ver Mateo 7:13-14). En ambos ejemplos hay un grado de dificultad. Esto nos quiere enseñar que el camino de la bendición y de la vida en la plenitud de Dios no es un camino fácil.

Ahora, es importante señalar que en el camino estrecho que nos ofrece Jesús hay recompensas. Quizás tengas que esforzarte más, luchar en contra de las distracciones que te alejan del camino de la verdad, y dejar amistades que no aportan a tu crecimiento espiritual. Seremos rechazados por nuestra fe y las posturas bíblicas que creemos, defendemos y confesamos, pero, a pesar de las pruebas que podamos enfrentar, cuando estamos en el camino correcto estamos seguros y las recompensas serán innumerables. El transitar por el camino estrecho nos libra ser esclavos del pecado. El pecado trae dolor al ser humano y nos separa de la voluntad de Dios para nuestras vidas.

Conectarse a Dios

Por esta razón, Dios envió a su hijo Jesús para librarnos de la maldición del pecado y de la muerte espiritual. El cultivar nuestro hombre interior con los principios de la Palabra de Dios fortalece nuestro espíritu. Por medio de las fuerzas que recibimos al estar conectados a nuestro Padre Celestial por medio de su Espíritu, nos dará unas fuerzas sobrenaturales que nos ayudarán a enfrentar las crisis de la vida que indudablemente viviremos.

Cuando nos conectamos con nuestro Padre Celestial a través de los ejercicios espirituales, los cuales yo identifico como la oración, el estudio de las escrituras, el ayuno, la adoración y el congregarnos perteneciendo a una comunidad de fe, nos mantenemos apegados a una fuente que provocará nuestro crecimiento espiritual. Si procuramos fortalecernos en nuestra área espiritual, nuestra área emocional se beneficiará y estará lista para enfrentar las crisis de la vida.

La Palabra nos habla en 1 Tesalonicenses 5:23 que Dios nos quiere santificar por completo: cuerpo, alma y espíritu. La voluntad de Dios es hacernos fuertes en todas las áreas de nuestra vida.

El proceso de la santificación en nuestra vida es uno progresivo, que culminará cuando Jesús venga por nosotros o nosotros nos vayamos con Él. Este proceso se llevará a cabo con éxito cuando nosotros decidamos voluntaria e intencionalmente separarnos para Dios, viviendo una vida abnegada donde nuestra meta sea honrar los principios de su Palabra.

Seguir el llamado de Dios le da sentido, propósito y destino a nuestra vida. El seguir el llamado de Dios no evitará que enfrentemos adversidades, pero Dios nos promete que en medio de las adversidades estará con nosotros. Jesús contó una parábola en Mateo 7:24-27:

Cualquiera, pues, que me oye estas palabras, y las hace, le compararé a un hombre prudente, que edificó su casa sobre la roca. Descendió lluvia, y vinieron ríos, y soplaron vientos, y golpearon contra aquella casa; y no cayó, porque estaba fundada sobre la roca. Pero cualquiera que me oye estas palabras y no las hace, le compararé a un hombre insensato, que edificó su casa sobre la arena; y descendió lluvia, y vinieron ríos, y soplaron vientos, y dieron con ímpetu contra aquella casa; y cayó, y fue grande su r uina.

La vida de nosotros, los seres humanos, tipifica una de estas casas que habla Jesús en la parábola. Si nos percatamos, ambas casas sufrieron los embates de la tormenta, pero solo una permaneció de pie, la que fue construida sobre la roca. La roca tipifica a Jesucristo y Jesucristo es la Palabra. El evangelio de Juan 1:1-3 nos enseña que Jesús es el Verbo, es decir, la Palabra en acción. Jesús les dijo que, si escuchan sus palabras y las hacen, nos comparará con un hombre prudente que edificó su casa sobre la roca, es decir, sobre fundamento fuerte.

La gran enseñanza de esta Escritura es que cuando permanecemos conectados a Jesús a través del conocimiento de su Palabra y la ponemos en práctica en nuestra vida cotidiana, estaremos listos para enfrentar los embates de la vida. La enfermedad puede llegar, podremos enfrentar ansiedad, tristeza, temor al futuro, pero el saber que Dios está con nosotros y que en Él tenemos un gran futuro, esto nos ayudará a superar cualquier prueba que enfrentemos en el presente y en el futuro.

Jeremías fue escogido por Dios como profeta. Él tenía un propósito particular para una asignación específica. A pesar de haber sido escogido por Dios, en la Escritura que leímos al comenzar este capítulo, en Jeremías 20:8-9 vemos cómo Jeremías estaba desanimado, triste, quejándose y quería abandonar su llamado. La pregunta que nos debemos hacer en este momento es: ¿qué provocó que Jeremías, a pesar de su desánimo, no abandonara el ministerio?

Jeremías dice que había un fuego en sus huesos que no le permitía abandonar su ministerio. Ese fuego que habla Jeremías es una pasión que recibimos los hijos de Dios por medio de la intervención del Espíritu de Dios en nosotros, que a pesar de nuestras debilidades no nos damos por vencidos de continuar adelante en la asignación que Dios nos ha encomendado.

Ya no se trata de salir de las adversidades de la vida por medio de nuestros recursos o nuestras fuerzas. Ante la intervención del Espíritu Santo en nosotros, Dios provee unas fuerzas sobrenaturales que nos ayudarán a continuar en medio de las adversidades y descansar en la gracia de Dios. El Apóstol Pablo, un hombre escogido por Dios con una profunda revelación del evangelio de Jesucristo, el cual marcaría una nueva era en el evangelio de la gracia, luchaba con un aguijón, como les he mencionado en capítulos anteriores. Dios, con un propósito específico, permitió que este aguijón lo abofeteara. Pablo describe este aguijón como un mensajero de Satanás, por el cual oró al Señor que se lo quitara y la respuesta de Dios fue: *Bástate mi gracia; porque mi poder se perfecciona en la debilidad* (ver 2 Corintios 12:7-10) .

Dios pudo haberle quitado el aguijón, sin embargo, no lo hizo porque Dios tenía un propósito con él en la vida de Pablo: que no se enalteciera a causa de su revelación del evangelio de Jesucristo. En adición, vemos la dependencia en Dios que produjo este aguijón en la vida del Apóstol Pablo, al sentirse débil y vulnerable. Ya él no dependía de sus experiencia y conocimiento, ahora dependía solamente de la gracia de Dios que se perfeccionaba en su debilidad. Esta Palabra que Dios le dio al Apóstol Pablo me es de mucha inspiración para mi vida. Cuando me siento débil y creo que ya no puedo continuar me sostengo en la gracia de Dios haciéndome dependiente de su poder y autoridad. Ya no se trata de mis fuerzas o recursos, descanso en lo que Él puede hacer a mi favor.

Jeremías y el Apóstol Pablo eran llamados por Dios con unos propósitos específicos que, por medio de su vida y ministerio marcarían generaciones. Pero a pesar de su llamado no estuvieron exentos de problemas, enfermedades y desánimo; eran seres humanos como tú y yo. ¿Qué marcó la diferencia en sus vidas? Que se hicieron dependientes de Dios, ya no luchaban en sus fuerzas, si no en las fuerzas que el Espíritu de Dios ponía en ellos.

Saber que Dios nos ha llamado no nos hace exentos de no enfrentar adversidades, pero sí nos da la confianza y la fortaleza de que, en medio de todas ellas, saldremos más que victoriosos porque Dios está en control de todas las cosas y que en Dios siempre obtendremos la victoria.

Los ataques de pánico

Hace unos años tuve un feligrés, un hombre joven con una familia muy hermosa. Dios lo había llamado al ministerio, tenía muchos talentos y dones, era una persona muy social y agradable, pero en su intimidad estaba sufriendo de ataques de pánico. Era una batalla que llevaba en lo oculto, y no se atrevía abrir su corazón a las otras personas para no ser juzgado. Según me contó, él sentía que literalmente se iba a morir. Me dijo: "Pastor, en varias ocasiones he tenido que ir a la sala de un hospital para ser atendido porque pensaba que era un ataque al corazón".

Mientras él me contaba su historia, venían recuerdos a mi mente de cuando yo pasé por la misma experiencia que él, pero no lo interrumpí y lo dejé que hablara y se expresara. Me dijo que, al ser un fiel creyente en Jesucristo, le causaba vergüenza hablar de esta situación con alguna persona porque pensarían que él no era un buen cristiano y que estaba siendo atacado por demonios. Quiero señalar que como a él, esto les suele suceder a muchos cristianos fieles que por vergüenza no se atreven a acercarse a alguien para no ser juzgados, y lamentablemente en las sombras viven una batalla sin cuartel sin que nadie les ayude.

Si tú estás pasando por algo semejante a esto, no te quedes callado. Busca un consejero, un buen pastor, un psicólogo cristiano, pero no luches solo estas batallas. Por esta razón Dios hizo a la Iglesia. Somos un cuerpo, una comunidad de fe; nos necesitamos unos a los otros. Dios, desde el principio de la creación, nos creó con la necesidad de estar acompañados. Vio a Adán solo y le hizo su ayuda idónea, a Eva.

Lamentablemente la formación de él en el cristianismo no era muy correcta. Venía de una congregación donde la mayoría de las situaciones como estas se las achacan a un ataque de Satanás o a una posesión satánica. Cualquier persona ante este conocimiento, si le está pasando algo como eso, de seguro no se lo contaría a nadie porque tendría miedo de ser juzgado. Mientras se desarrolló la conversación pude percibir que él estaba deduciendo que la situación que estaba enfrentando era un ataque de Satanás. Ciertamente el enemigo nos ataca cuando estamos débiles y vulnerables, pero el problema de estos ataques de pánico no era que estaba endemoniado o que Satanás lo estuviera atacando.

Al pasar por esta misma experiencia me puse a buscar información sobre por qué las personas experimentaban ataques de pánico y descubrí algunas respuestas que me ayudarían en buscar la solución para mi problema. Una de las primeras respuestas que conseguí no me ayudó mucho porque se desconocía la causa de los ataques de pánico o trastornos de pánico. Otras respuestas fueron un poco más al blanco. Los ataques de pánico estaban relacionados a la genética de los pacientes, o producidos por el alto nivel de estrés. También podrían ser producto de cambios en el funcionamiento cerebral. En fin, no tenía que ver nada con un demonio. Ante cualquier detonante que lo estuviera produciendo, Dios es capaz de sanar y liberar a cualquier persona de este trastorno emocional.

Después que este hombre se desahogó y vio que no lo juzgué en ningún momento, comencé a contarle mis experiencias de cómo tuve que luchar con los ataques de pánico y que era muy similar a lo que él estaba viviendo. Le tomó por sorpresa que pasé por lo mismo que él. Comencé a hablarle sobre lo que me ocurría y las veces que llegué al hospital pensando que era un ataque al corazón, entre otras experiencias que cuento de una manera muy graciosa. Terminamos riéndonos de lo que me había pasado.

Después de esto comencé a contarle los principios bíblicos que apliqué para ser libre de los ataques de pánico, la ansiedad y el estrés, los cuales he compartido en este libro y desde ese momento, cambió su actitud frente a una situación que estaba viviendo en oculto pensando que era un ataque satánico. Después de mi conversación con él lo vi muy liberado y hasta riéndose de las cosas que había experimentado.

Recuerdo que antes de terminar la conversación lo miré fijo y le dije: "Dios te ha llamado y nunca te va a abandonar; no vas a morir hasta que se cumpla tu propósito en Dios. Él te dará los recursos para salir airoso de esta situación". Él me miró y pude sentir que se había caído una gran carga que había estado sobre él. Eventualmente él pudo vencer esta situación que lo estaba agobiando y testificaba a otros cómo Dios lo libró de esta angustia.

En conversaciones que tuvimos eventualmente nos reíamos de las acciones que tomábamos cuando estábamos experimentando un ataque de pánico en el pasado. Lo que antes era un sufrimiento para los dos ahora no solamente era un testimonio del favor de Dios en nosotros, sino que el sufrimiento se convirtió en gozo, porque aún nos reíamos de las cosas que hacíamos bajo la desesperación. Si nos ponemos en las manos de Dios, Dios tornará en alegría nuestro sufrimiento.

Dios te ha llamado y nunca te va a abandonar; no vas a morir hasta que se cumpla tu propósito en Dios.

Todos los hijos de Dios tenemos un llamado eterno. Esto se hace evidente cuando respondemos al llamado de salvación en Jesucristo. Dejándolo todo seguimos el camino de la fe haciendo a Jesús nuestro Señor y Salvador. Cuando comprendemos que Dios nos ha llamado para su gloria y que Él tiene un plan para con nosotros, y que a pesar de las adversidades, enfermedades y situaciones que podamos enfrentar, nuestra vida no acabará hasta que el Creador del cielo lo decida. Al entender nuestro llamado en Dios y la soberanía de un Padre Celestial bueno, podemos comenzar a vivir en paz reconociendo que Dios está en control de nuestra vida.

Los creyentes en Jesucristo vivimos por fe reconociendo que el futuro para nosotros puede ser incierto, pero para Dios no, porque Él lo conoce todo. La seguridad que adquirimos en Dios por medio de la fe nos ayuda a aferramos a vivir en su voluntad, entendiendo que en Él estamos seguros. Jeremías pudo cumplir con su propósito porque él reconoció que el llamado de Dios sobre su vida era tan fuerte que, a pesar de las adversidades externas e internas, había sobre él una fuerza superior que no le permitía renunciar a su llamado.

En todo llamado siempre habrá oposición. A pesar de que hemos sido escogidos por Dios, enfrentaremos adversidades en este mundo caído e imperfecto. Jesús nos los advirtió, como he dicho antes.

Estas cosas os he hablado para que en mí tengáis paz. En el mundo tendréis aflicción; pero confiad, yo he vencido al mun do.

-Juan 16:33

Es importante entender esta advertencia de Jesús, la cual nos ayudará a prepararnos para enfrentar las oposiciones en nuestra vida. Uno de los problemas que podemos enfrentar como seres humanos es hacernos el ideal de vivir una vida ausente de dificultades. Si nos llenamos de expectativas falsas, esto provocará que nos afectemos emocionalmente. Pero si somos conscientes y preparados para enfrentar un mundo caído de la mano de Jesús, triunfaremos.

Vivimos en la época de las redes sociales donde los artistas, cantantes, deportistas, los famosos *influencers, Youtubers* y las personas comunes, en la mayoría de las ocasiones presentan en las redes sociales una vida irreal donde hacen alarde de su bienestar para crear una buena imagen de éxito y felicidad. Es decir, muestran su mejor cara al público a pesar de que solo es un espejismo.

Esto puede ser contraproducente para la vida de muchos que siguen a estas personas. Los admiran creyendo que la vida de ellos es perfecta, idealizando estilos de vida que para la gran mayoría es imposible alcanzar y que detrás de todo lo que ven solo es un buen montaje de mercadeo. Lo que presentan estas personas en las redes sociales no es su vida real, solo es una ínfima parte de ellos. Todos los seres humanos sin importar nuestra raza, educación, estatus social, pasamos adversidades y obstáculos que tendremos que superar.

Lamentablemente muchas personas caen en crisis emocionales porque no pueden comprender que los obstáculos de la vida son completamente normales en este mundo caído. No podemos esperar de este mundo dominado por el pecado y el príncipe de las tinieblas la perfección de un paraíso. De no comprender esta verdad, nuestras emociones negativas nos dominarán. Cuando no tenemos la perspectiva correcta de la vida, cada obstáculo que enfrentemos lo convertiremos en una crisis.

En esta vida nos herirán, menospreciarán, juzgarán, hablarán falso testimonio de nosotros, enfermaremos, pasaremos procesos de operación y recuperación, fracasaremos en el emprendimiento de algún proyecto, pasaremos retos financieros y familiares, perderemos un ser amado, todo esto es parte de vivir en un mundo caído. Por esta razón Jesús nos dijo que en este mundo tendremos aflicción; pero terminó diciendo "confiad en mí, yo he vencido a este mundo". ¿Qué significa esto para nosotros? Que Jesús estará presente en todos los procesos de la vida y nunca nos va a abandonar.

No interpretar la vida correctamente nos puede sumergir en angustia y depresión, haciendo que los obstáculos de la vida, que son completamente normales, tomen control de nuestros pensamientos y, por tanto, afecten nuestras emociones. De camino a nuestro destino en Dios vamos a enfrentar adversidades y debemos hacerlo de la manera correcta: creyendo que nuestras pruebas solo son temporeras y que no será el final de nuestro propósito en Dios. El Apóstol Pablo nos lo enseña de una manera magistral.

Pues nuestras dificultades actuales son pequeñas y no durarán mucho tiempo. Sin embargo, ¡nos producen una gloria que durará para siempre y que es de mucho más peso que las dificultades! Así que no miramos las dificultades que ahora vemos; en cambio, fijamos nuestra vista en cosas que no pueden verse. Pues las cosas que ahora podemos ver pronto se habrán ido, pero las cosas que no podemos ver permanecerán para siempre.

-2 Corintios 4:17-18 (NTV)

El Apóstol Pablo nos está enseñando que, si nuestra mirada está puesta en la fuente correcta, nos daremos cuenta de que los sufrimientos que pasamos en esta vida son temporeros y que si estamos en Cristo producirá en nosotros una gloria mayor, la cual será eterna.

Si nosotros no entendemos los procesos de la vida y asumimos una actitud incorrecta, nosotros mismos nos vamos a sumergir en el desánimo, la queja, la amargura y el dolor. En vez de desarrollar un espíritu de superación, desarrollaremos un espíritu de víctima. Nuestra vida no ha de cambiar cuando nos tenemos pena a nosotros mismos. Nuestra queja, protesta, reclamos y frustración no cambiarán las circunstancias que estamos enfrentando. Debemos levantarnos y continuar adelante, entendiendo que Dios está de nuestro lado.

Yo comparo la vida a una carrera con obstáculos; hay momentos que correremos lugares planos y placenteros. Habrá otros momentos cuando se necesitará mucho más esfuerzo de nuestra parte para brincar, esquivar y subir las montañas empinadas de la vida. El comprender esta realidad nos da una perspectiva correcta de cómo debemos vivir la vida reconociendo que las adversidades son completamente normales para los seres humanos y que todo dependerá de la actitud que nosotros asumamos frente a ellas.

Impacto de la crianza

Uno de los factores que pueden provocar que las personas no puedan enfrentar las adversidades de la vida exitosamente es la manera en que sus padres los criaron. La formación de cada uno de nosotros juega un papel principal en cuanto a cómo enfrentamos las adversidades de la vida. Si sus padres los consentían desmedidamente y les resolvían todos esos problemas... Si al portarse mal no había consecuencias por sus actos... Si se criaron en un entorno inestable donde sus padres se quejaban y no manejaban las crisis con corrección, lamentablemente todo esto será contraproducente en la vida de los jóvenes y adultos en la actualidad.

En mi experiencia pastoral he visto cómo lamentablemente las crisis que enfrentan las personas el día de hoy tienen que ver mucho con la manera que los criaron sus padres. El desarrollo de la niñez es sumamente importante para la estabilidad emocional de una persona en el futuro. En diferentes estudios de psicología nos confirman este hecho, pero en la Palabra de Dios podemos ver este principio antes de los estudios modernos, por la importancia que Dios le da a la crianza de los niños en el conocimiento de su Palabra y el temor a Jehová.

Y amarás a Jehová tu Dios de todo tu corazón, y de toda tu alma, y con todas tus fuerzas. Y estas palabras que yo te mando hoy, estarán sobre tu corazón; y las repetirás a tus hijos, y hablarás de ellas estando en tu casa, y andando por el camino, y al acostarte, y cuando te levantes. Y las atarás como una señal en tu mano, y estarán como frontales entre tus ojos; y las escribirás en los postes de tu c asa, y en tus puertas.

-Deuteronomio 6:5-9

Instruye al niño en su camino, Y aún cuando fuere viejo no se apartará de él.

-Proverbios 22:6

Si eres padre, debes tomar con mucha seriedad este hecho de la importancia de nuestra influencia en nuestros hijos y en las próximas generaciones. Con nuestro estilo de vida provocaremos impactarlos positiva o negativamente. Si lo hacemos de la manera correcta, les daremos los recursos suficientes para enfrentar con éxito las adversidades de la vida.

Lamentablemente, muchos adultos hoy están enfrentando las consecuencias negativas de una crianza no saludable que les programó al fracaso emocional. Pero tengo buenas noticias en Jesucristo: Dios hace todas las cosas nuevas. (ver 2 Corintios 5:17) Si te criaron de la manera equivocada y lo has podido identificar, no hay por qué quedarse con esta impartición; en Cristo todo puede cambiar.

Si no fuiste entrenado para enfrentar las adversidades de la vida, en tu nueva vida en el Señor todo eso ha de cambiar. Eres un soldado del Dios todopoderoso. Él ha puesto en ti unas capacidades sobrenaturales para salir más que victorioso al enfrentar las adversidades de la vida.

Después de que me casé, mi padre me dijo una de las palabras más sabias que me había hablado hasta entonces. Me dijo: "Iván, la vida es dura y muchas veces vas a sufrir. No te preocupes, es completamente normal. Lo único que no te puedes permitir es rendirte. No te detengas, pase lo que pase".

Jeremías experimentó el sufrimiento y el dolor del llamado de Dios. Pero el llamado de Dios sobre él le dio una capacidad sobrenatural puesta por el Espíritu Santo, que lo ayudó a recuperarse de sus desánimos y frustraciones. La capacidad que Dios le dio a Jeremías es la misma que ha depositado en cada uno de nosotros para superar las pruebas de la vida. Fuiste llamado por Dios, sellado con su Espíritu Santo para el día de la redención, equipado con su poder sobrenatural para salir airoso sobre todo obstáculo que enfrentes.

Las tentaciones que enfrentan en su vida no son distintas de las que otros atraviesan. Y Dios es fiel; no permitirá que la tentación sea mayor de lo que puedan soportar. Cuando sean tentados, él les mostrará una salida, para que puedan resistir.

-1 Corintios 10:13 (NTV)

Este versículo nos está enseñando que Dios nunca nos pasará por una prueba que no podamos superar. La prueba que estás enfrentando hoy, Dios, en su soberano poder, te ha dado la capacidad para salir victorioso sobre ella. Cuando comprendemos que ante mayor oposición que enfrentemos, mayor será la bendición, viviremos llenos de esperanza y fe reconociendo que el día de mañana será mejor.

Esto producirá en nosotros paz en medio de los procesos de la vida. Si nosotros asumimos una buena actitud ante las dificultades de la vida, estas nos harán madurar y crecer como personas. Cuando comprendemos el llamado de Dios sobre nuestra vida, que nacimos con propósito y que Dios nos escogió, desarrollaremos la actitud correcta para enfrentar las adversidades de la vida. Para ser libres de toda opresión que estemos experimentando, como los ataques de pánico, ansiedad, depresión y cualquier tipo de adicción, debemos recordar que hemos sido escogidos por Dios y que Él no nos dejará solos en los procesos de la vida. Esto creará en nosotros confianza, firmeza y fortaleza para vencer los obstáculos en este mundo caído.

Dios desea que seas liberado de todas aquellas cosas que hoy te están agobiando.

Dios está contigo. Él te llamó y te sostendrá en medio de la aflicción, Él tiene un propósito sobre tu vida y nunca estarás solo. Dios está interesado en que cumplas con tu asignación aquí en la tierra, por tanto, Él te ayudará a superar las adversidades que enfrentes. Recuerda que Dios no es hijo de hombre para mentir, ni hijo de hombre para arrepentirse. Lo que Él ha prometido, así lo cumplirá (ver Números 23:19).

Dios desea que seas liberado de todas aquellas cosas que hoy te están agobiando. En este momento te pido que te visualices libre de todo lo que te está afectando. Hoy extiende tu fe como la mujer que tocó el manto de Jesús y fue sanada al instante de su flujo de sangre. Dios te llamó, Él te escogió y peleará tus batallas junto a ti. Declaro que serás libre de esta adversidad que estás enfrentando, en el nombre de Jesús.

10
EL PODER DE MIS PENSAMIENTOS

Y la paz de Dios, que sobrepasa todo entendimiento, guardará vuestros corazones y vuestros pensamientos en Cristo J esús.

-Filipenses 4:7

Uno de los retos que enfrentamos para ser libres de las opresiones emocionales es el manejo de nuestros pensamientos. Nuestra mente puede ser muy compleja y lo que pensamos puede cambiar nuestra condición emocional y, por tanto, nuestro entorno. Cuando les damos importancia a los pensamientos negativos, pueden cambiar drásticamente nuestra circunstancia.

Uno de los retos que tuve que enfrentar fue el manejo de los pensamientos negativos, que me llevaron a experimentar ataques de pánico, ansiedad y tristeza. Al permitir que estos pensamientos tomaran un lugar importante en mi mente, ellos estaban afectando mi vida integral, quitándome la paz que Dios nos da. Cuando permitimos que los pensamientos negativos se apoderen de nosotros, nos inhiben de disfrutar la vida abundante que podemos experimentar en Jesús.

Por tal razón debemos prestar atención a qué tipo de pensamientos les estamos dando importancia. De prestarle atención a los pensamientos negativos, los resultados serán nefastos en nuestra vida emocional. Esto producirá que nuestra mente se llene de información negativa que eventualmente terminará afectándonos emocionalmente, lo cual afectará nuestro desempeño cotidiano.

Haciendo una introspección de la etapa cuando estaba sufriendo ansiedad y ataques de pánico, me di cuenta de que las tensiones que me llevaron a experimentar esta aflicción no eran tan graves; eran producto de no manejar mis pensamientos correctamente.

Realmente tenía una vida muy buena, me había casado con una mujer buena y hermosa que amo, ambos teníamos trabajo, en esa temporada tenía una salud física intachable, le servíamos a Dios en la iglesia, pero aun con todas estas bendiciones estaba luchando con pensamientos que me estaban quitando la paz. Recuerdo que las presiones que estaba manejando eran las cotidianas que todos los seres humanos enfrentamos: situaciones en el trabajo, ministeriales y familiares.

Analizándolo, la situación vivida con la madurez adquirida por años y las adversidades muy serias que tuvimos que enfrentar eventualmente como familia, me doy cuenta de que las presiones que estaba viviendo en el momento experimentando los ataques de pánico, no eran graves para afectarme emocionalmente. Lo que estaba sucediendo era que no estaba manejando mis pensamientos correctamente y estaba magnificando las situaciones desmedidamente, al punto que me comenzaron a afectar sin darme cuenta. Aquí viene la importancia de nuestros pensamientos. El Apóstol Pablo declara en Filipenses 4:7:

Y la paz de Dios, que sobrepasa todo entendimiento, guardará vuestros corazones y vuestros pensamientos en Cristo J esús.

Nuestra manera de pensar puede cambiar nuestra manera de vivir. Nuestros pensamientos tienen la capacidad de fortalecernos o destruirnos. Por esta razón debemos cuidar lo que pensamos; lo que pensamos eventualmente cambiará nuestra manera de hablar y de vivir.

Del fruto de la boca del hombre se llenará su vientre; Se saciará del producto de sus labios. La muerte y la vida están en poder de la lengua, Y el que la ama comerá de sus frutos.

-Proverbios 18:20-22

Lo que hablamos está directamente relacionado con nuestros pensamientos. Es importante hacer el ejercicio de escucharnos y prestarle a atención a los que sale de nuestra boca. En muchas ocasiones no nos damos cuenta cuando estamos pronunciando palabras negativas que están naciendo de un corazón que está siendo transformado por abrazar los malos pensamientos.

Nuestra manera de pensar puede cambiar nuestra manera de vivir.

Lo bueno de Dios es que Él pone personas a nuestro alrededor que nos ayudan a recapacitar cuando estamos permitiendo que los malos pensamientos afecten nuestra vida. Debemos estar atentos a estas personas que nos ayudan a ver nuestra realidad desde una perspectiva objetiva que nos puede ayudar a salir de un círculo dañino auto destructivo por no manejar nuestros pensamientos correctamente.

Lo que hablas y piensas

¿Cómo podemos darnos cuenta de que estamos manejando los pensamientos equivocadamente? Con lo que hablamos. Lo que hablamos está directamente relacionado a lo que pensamos. He escuchado muchas personas decir "cuidado con lo que hablas", pero pienso que debemos cuidar primero lo que pensamos porque nuestro hablar es producto de lo que está en nuestra mente. A pesar de que el necio pasa por sabio cuando no habla, esto no quiere decir que su condición de necio haya cambiado (ver Proverbios 17:28). Solo que ante los demás pasa por sabio hasta que abre su boca. Jesús nos enseñó que de la abundancia del corazón habla nuestra boca (ver Lucas 6:45). Lo que hablamos es el reflejo de nuestros pensamientos.

En la búsqueda de la solución para superar la ansiedad y los ataques de pánico, en mis oraciones le pedía a Dios que me ayudara a identificar qué me estaba llevando a experimentar esta situación que me angustiaba. Uno de los primeros problemas que pude ver claramente fue el manejo incorrecto de los pensamientos negativos que llegaban a mi mente. Le estaba dando mucha importancia a las situaciones negativas en el trabajo, el ministerio y la familia, sacándolos de proporción en mi mente, lo cual provocaba una exageración de las circunstancias reales. Hacía más grande de lo usual un problema común que todas las personas tenían que manejar, permitiendo que afectara mis pensamientos.

Al no manejar correctamente mi manera de pensar, eso me llevó a la insatisfacción personal y a dudar de las promesas de Dios para mi vida. Esto me llevó a no poder ver lo bendecido que era y a luchar con una situación emocional que nunca debió pasar. El problema más grande que podemos enfrentar es no trabajar con la situación que nos está llevando a cualquier trastorno emocional. Lamentablemente nuestro orgullo en muchas ocasiones no nos permite buscar ayuda por el qué dirán las otras personas.

Al pensar en mi pasado cuando tuve que enfrentar los ataques de pánico y manejar la ansiedad, he podido ver que en esa etapa de mi vida pude padecer de un tipo de depresión. Es muy posible que no fuera muy aguda, pero estaba afectando mi desempeño en mi vida diaria. Mi orgullo nunca me permitió buscar ayuda profesional, la cual pienso que hubiera sido buena. Por la gracia de un Dios bueno pude aplicar los principios bíblicos en mi vida y vencer este gran gigante que me estaba agobiando en ese entonces.

Quiero aclarar algo: con esto no estoy diciendo que no busquemos ayuda de pastores, consejeros o profesionales de la salud mental, lo cual he recomendado ya en este libro. Estoy indicando qué fue lo que me impidió buscar ayuda. Pero aun así pude refugiarme en Dios y ser libre de toda esa situación que me estaba agobiando. Estas son buenas noticias en Jesucristo y en su Palabra podemos ser verdaderamente libres.

Estoy abriendo mi corazón, siendo sincero y transparente con las luchas que tuve que enfrentar en mi pasado. Los que me conocen pueden ver en mí una seguridad y confianza en lo que Dios es capaz de hacer en nuestra vida a pesar de las adversidades que enfrentemos. Pero esto no siempre fue así. Tuve que pasar por diferentes procesos que me ayudaron a fortalecer mi fe en Jesucristo y mi carácter. El hombre que soy hoy es producto de enfrentar muchas batallas y por la gracia de Dios salir airoso de ellas. Aferrarnos a Dios y a sus promesas nos ayudará a vencer los obstáculos de la vida.

Si Dios lo hizo en mi vida también lo puede hacer en la tuya. Él es poderoso y no tiene límites.

Continuando con el manejo de los pensamientos, Dios me mostró que uno de los factores que me estaban llevando a experimentar ansiedad y ataques de pánico era que en mi mente estaba exagerando y sacando de proporción las situaciones que estaba viviendo. El sacar de proporción en mi mente una dificultad que la mayoría de los seres humanos vivimos, me estaba llevando a experimentar estos problemas emocionales, lo cual me llevó a una distorsión cognitiva y por consecuencia, a una visión catastrófica de las circunstancias vividas. En el proceso de sanidad, Dios me llevó a una historia bíblica muy conocida para poder comprender qué estaba pasando en mi mente y por qué estaba lidiando con este problema.

La historia que el Espíritu Santo me recordó fue cuando Moisés envió a doce espías a explorar la tierra de Canaán. Después, que estos doce espías exploraron la tierra, volvieron a contar lo que habían visto. Los doce se percataron de que la tierra de Canaán era una bendecida, una tierra fructífera donde fluía la leche y la miel, y los frutos eran abundantes. Los doce estaban de acuerdo en este detalle, pero diez de ellos no les dieron mucha importancia y valor a las bendiciones de la tierra; les dieron más importancia a los habitantes que en ella estaban.

Estos diez hombres, en vez de resaltar las bendiciones, resaltaron lo que ellos percibieron de los habitantes de la tierra. Las noticias que enfatizaron fue lo negativo que ante su presencia vieron. Le dijeron a Moisés que su pueblo no podría hacerles frente a ellos porque eran más fuertes que ellos. Comenzaron a divulgar al pueblo que la tierra que querían conquistar se tragaba a sus moradores y había gigantes, y que ellos se percibían frente a ellos como langostas.

Al profundizar en la historia y ver los hechos de esta nos podemos percatar que estos diez espías estaban exagerando una realidad existencial que los llenó de temor, queja, e incertidumbre, provocando que se detuviera el plan de Dios para ellos y para el pueblo. Es increíble pensar que estos hombres que habían sido testigos oculares de los milagros de Dios a su favor, como por ejemplo cuando Dios abrió el Mar Rojo y todos pasaron en seco salvando a todo el pueblo de la mano de los egipcios, ahora estaban dudando que Dios le estaba entregando la tierra de Canaán. El problema de estos diez espías que llegaron con malas noticias ante Moisés y el pueblo fue su manera de pensar catastrófica. Estaban exagerando una realidad, sacándola fuera de contexto, lo cual llenó de mucho temor al pueblo. Cuando vamos a la Escritura, nos vamos a percatar del mensaje distorsionado que estos diez espías trajeron como noticia.

Y hablaron mal entre los hijos de Israel, de la tierra que habían reconocido, diciendo: La tierra por donde pasamos para reconocerla, es tierra que traga a sus moradores; y todo el pueblo que vimos en medio de ella son hombres de grande estatura. También vimos allí gigantes, hijos de Anac, raza de los gigantes, y éramos nosotros, a nuestro parecer, como langostas; y así les parecíamos a e llos.

-Números 13:32-33

Hay unos datos interesantes que quiero resaltar del reporte que los diez espías trajeron. El primer punto que quiero señalar es que en su reporte ellos dijeron que la tierra donde ellos pasaron tragaba sus moradores. En esta expresión podemos percatarnos que ellos estaban haciendo hipérbole en su análisis de la situación. Estaban exagerando la circunstancia y más que exagerar no estaban hablando la verdad. Estos diez espías tenían una mentalidad catastrófica de una situación que no era real.

Su percepción era completamente equivocada. Ellos estaban creando una realidad subjetiva por sus temores y no confiaban en el Dios que les prometió la tierra. Ahora vemos dos espías que fueron a la misma tierra a espiar, pero trajeron diferente noticia. A Josué y a Caleb, después que estos diez hombres contaminaron al pueblo con su reporte, les tocó el turno de traer su versión. El reporte de ellos dos era muy distinto al de los diez hombres temerosos. Ellos vieron una tierra hermosa y estaban confiados en que en el nombre de Dios la podían conquistar. Ellos se enfocaron en las bendiciones de la tierra, no en los retos que tendrían que enfrentar.

Lamentablemente hay muchas personas que caen en crisis emocionales porque en vez de enfocarse en las bendiciones de la vida se enfocan más en las pruebas que tienen que enfrentar y las magnifican. Esta fue una de las situaciones que yo tuve que trabajar para poder ser libre de la ansiedad y vencer mis estados emocionales. Hay un refrán que describe la mentalidad que tuve que ir superando con los años: tendía a ver el vaso de agua a mitad, y en vez de ver que se estaba llenando, lo veía vacío. Es decir, en vez de enfocarme en las bendiciones que Dios me estaba dando me estaba enfocando en lo que no tenía.

Muchas veces permitimos que este tipo de mentalidad gobierne nuestros pensamientos y en vez de ver lo que Dios está haciendo a nuestro favor, nos enfocamos en lo negativo. Estos diez espías permitieron que los pensamientos negativos dominaran en su mente y, por lo tanto, su percepción de la tierra prometida cambió. Hay una tierra de bendición que Dios nos ha prometido. Para poder disfrutar de ella necesitamos controlar y detener esos pensamientos negativos que no nos dejan disfrutar de ella. Los diez espías que trajeron malas noticias les dieron más importancia a los gigantes que al Dios todopoderoso. Te vuelvo a recordar que el mismo Dios que liberó al pueblo de Israel de la esclavitud de los egipcios y el que abrió el Mar Rojo para que pasaran en seco, ese es tu Dios. Para ser libre de todo lo que te está agobiando emocionalmente debes sustituir los pensamientos de temor por los pensamientos de bendición y recordar siempre que el Todopoderoso está bajo control.

En esta historia bíblica podemos observar lo poderoso que pueden ser los pensamientos negativos en la vida de los seres humanos. Pueden cambiar tu visión y la realidad de las circunstancias. Uno de los problemas que nos pueden llevar a episodios de ataques de pánico, ansiedad y depresión es magnificar los problemas en nuestra mente, permitiendo que los malos pensamientos nos lleven a crear una mentalidad catastrófica.

Al crear una mentalidad catastrófica de las situaciones que estés enfrentando en tu vida, eso te llevará a un camino donde tu vida se alejará de la realidad. Empezarás a fantasear con adversidades que solo son producto de abrazar pensamientos negativos y no poder ver el favor de Dios para tu vida.

Debes sustituir los pensamientos de temor, por los pensamientos de bendición.

Todos los seres humanos tendremos que enfrentar adversidades; es parte de vivir en un mundo caído e imperfecto. La diferencia estriba en el manejo de los pensamientos en nuestra mente.

Por medio de esta historia bíblica y revelación divina, descubrí que este era uno de los problemas que me estaba llevando a luchar en contra de los ataques de pánico. No estaba haciendo un buen manejo de mis pensamientos y, por tanto, de las situaciones cotidianas que debía enfrentar.

Pude notar que estaba magnificando los problemas comunes y, sin querer ni darme cuenta, estaba desarrollando una mentalidad fatalista. Enfrentaba una situación y quería resolverla al instante; de no poder resolverla, permitía que los malos pensamientos se apoderaran de mí. Esto me llevaba al afán dependiendo de mis recursos, y no del Dios que me había rescatado. Cuando las cosas no salían como esperaba y en el tiempo que deseaba, experimentaba una profunda frustración, desánimo e ira. Estos sentimientos producían en mí impotencia, ansiedad, frustración, desánimo y tristeza. Con el tiempo aprendí a manejar esta situación, entendiendo que hay situaciones que yo puedo resolver, pero hay otras que el único que las puede resolver es Dios.

Debemos tener mucho cuidado con los pensamientos negativos; de no trabajar con ellos, nos afectarán emocionalmente. Somos seres humanos y es completamente normal que nos preocupemos por alguna situación difícil que estemos enfrentando. Lo que no podemos permitir es que esa preocupación se convierta en una obsesiva que nos afecte emocionalmente. He aprendido que la mayoría de los pensamientos negativos que nos vienen a nuestra mente nunca suceden.

En Números 13:33 dice, al final del versículo, que los espías en su reporte le dijeron al pueblo: *Éramos nosotros, a nuestro parecer, como langostas; y así les parecíamos a ellos.*

La palabra clave que nos deja ver su realidad subjetiva es que ellos dijeron, "éramos a nuestro parecer, como langostas". Ellos habían hecho un juicio en base a sus temores. Es tanto así, que ellos hablaron de la opinión de los hombres de Canaán sin tener ningún tipo de confrontación o diálogo con ellos. Ellos asumieron cómo ese pueblo los veía. Habían creado en su mente una realidad inexistente, donde hasta pusieron palabras en la boca de sus enemigos. Lo que ellos estaban diciendo no era una realidad.

Cuando leemos la culminación de esta historia del pueblo de Israel conquistando la tierra prometida, nos damos cuenta de que los diez espías que trajeron malas noticias no estaban diciendo una verdad. Cuando Josué fue con el pueblo a conquistar Jericó, que es la ciudad más antigua de Canaán, dice la Palabra que el pueblo temblaba de miedo. Lo curioso de este asunto era que los doce espías que habían ido a verificar era esta tierra de Canaán.

Ahora bien, las puertas de Jericó estaban bien cerradas, porque la gente tenía miedo de los israelitas. A nadie se le permitía entrar ni salir. Pero el Señor le dijo a Josué: «te he entregado Jericó, a su rey y a todos sus guerreros f uertes.

-Josué 6:1-2 NTV

La realidad era diferente al informe que trajeron los diez espías que dejaron que el temor se apoderara de ellos, creando una realidad inexistente. Este versículo nos deja ver que los que estaban con miedo de verdad eran los de la tierra de Canaán.

De esta historia podemos aprender que en ocasiones nuestros temores están creando una falsa realidad, y si permitimos que los malos pensamientos se apoderen de nosotros, nos privarán de las bendiciones que Dios nos quiere dar. Los diez espías que dieron un reporte negativo de la tierra que Dios les había prometido no pudieron entrar a ella porque así Dios lo decidió. Pero, por el contrario, Josué y Caleb, los que trajeron buenas noticias creyendo en las promesas de un Dios fiel que estaba con ellos, pudieron entrar a la tierra prometida viendo el favor de Dios sobre sus vidas.

Debemos cuidar nuestros pensamientos porque en ocasiones llegarán pensamientos a nuestra mente que no son una realidad y si los creemos, nos pueden apartar de esa vida abundante que Dios nos quiere dar. Esta historia me ayudó a comprender que en muchas ocasiones estaba magnificando los problemas y enfocándome en el lado negativo de las situaciones de la vida, creando una mentalidad catastrófica que no era una realidad. Al ser ministrado por el Espíritu Santo sobre este aspecto, le pedí a Dios que me ayudara a trabajar con esta situación que me estaba afectando. Lo positivo fue que tuve el valor de reconocer que tenía una situación emocional que atender y el gran problema era el manejo correcto de mis pensamientos. Leyendo la Biblia en Filipenses descubrí un principio poderoso que llamo la ley de la sustitución.

Por lo demás, hermanos, todo lo que es verdadero, todo lo honesto, todo lo justo, todo lo puro, todo lo amable, todo lo que es de buen nombre; si hay virtud alguna, si algo digno d e alabanza, en esto pensad.

-Filipenses 4:7-8

Al entender en mi espíritu lo que me estaba enseñando el Apóstol Pablo inspirado por el Espíritu de Dios, hice mío este principio. Cada vez que tenía pensamientos negativos los sustituía con pensamientos buenos. La Palabra de Dios está llena de muchas promesas para cada uno de nosotros en todas las áreas de nuestra vida. Quiero dejarte algunos ejemplos bíblicos de esta verdad.

- La Biblia dice cree en el Señor Jesús y serás salvo tú y toda tu casa. (ver Hechos 16:31)

- La Biblia dice que por las llagas de Jesús fuimos nosotros curados. (ver Isaías 53:4-5)
- La Biblia dice que el generoso prosperará. (ver Proverbios 11:25)
- La Biblia dice que Dios nos guardará de todo mal. (Salmos 121:7-8)
- La Biblia dice que ninguna arma forjada sobre los hijos de Dios prosperará, ni lengua que se levante en contra de nosotros (ver Isaías 54:17).

Estas solo son algunas de las promesas que Dios tiene en su Palabra para cada uno de nosotros los hijos de Dios.

En mi vida puse en práctica **la ley de la sustitución**. Cada vez que venía un pensamiento negativo comenzaba a sustituirlos por las promesas que encontraba en la Palabra de Dios para mi vida. Este principio fue una clave muy importante para vencer la ansiedad los ataques de pánico, la tristeza y la incertidumbre. Este principio se convirtió en parte de mi vida diaria.

Como todos conocemos, en todas las etapas de nuestra vida tendremos que enfrentar gigantes. Esos gigantes pueden ser una enfermedad física, problemas en el trabajo, en el ministerio; situaciones inesperadas que de alguna manera u otra cambian nuestra vida. Cuando me ha tocado enfrentar las adversidades presentes, las cuales han sido mucho más complicadas que en el pasado, he podido mantenerme firme aplicando el principio de la sustitución. Este principio me ha ayudado a no darle lugar a los malos pensamientos que pueden detener el propósito que Dios tiene para mi vida.

Debemos estar muy alerta de no permitir que los malos pensamientos nos dominen. Si permitimos que los malos pensamientos nos dominen, no vamos a poder disfrutar de la libertad que Dios nos quiere dar. En nuestra mente se manifiestan diferentes tipos de pensamientos que nacen de diferentes fuentes. Pensamientos que llegan por medio de la voz del Espíritu Santo en nuestro interior, pensamientos de nuestra voz interna que toma la información adquirida de todo nuestro desarrollo desde mi niñez, y la voz del enemigo que nos quiere separar del plan de Dios para nuestra vida.

En mi primer libro, *Identifica la Voz de Dios,* explico a mayor profundidad sobre este tema de identificar la voz de Dios a través de principios bíblicos. Ahí podemos encontrar principios bíblicos de cómo discernir la fuente de dónde vienen los pensamientos. De esta manera podemos filtrar aquellos pensamientos que no vienen de parte de Dios. Ahora debemos estar muy atentos a las situaciones que estamos viviendo en nuestra vida porque en los momentos de debilidad, cuando estamos pasando por una prueba real, pudiera ser una enfermedad, el enemigo es muy astuto y comienza a atacarnos por medio de pensamientos negativos con el propósito de afectarnos emocionalmente. El enemigo se aprovecha cuando estamos vulnerables. Es como los depredadores en la selva que atacan a las presas más débiles. Por esta razón, en los momentos que nos toque pasar por una prueba real, debemos estar cerca de nuestro Padre Celestial.

Algo que he aprendido, lo cual ha bendecido mi vida y lo enseño porque es una verdad espiritual, es que cuanto más fuertes estemos espiritualmente, más fuertes seremos emocionalmente.

No podemos olvidar que nuestra esencia es espiritual. La Biblia nos enseña que estamos compuestos de espíritu, alma y cuerpo (ver 1 Tesalonicenses 5:23), pero nuestra esencia es espiritual porque fuimos hechos a la imagen de Dios y nuestro Dios es Espíritu (ver Juan 4:24). Entendiendo que nuestra esencia es espíritu, necesitamos fortalecer esa área para poder vencer aquellos pensamientos que nos quitan la paz. Cuando somos fuertes espiritualmente, tenemos la autoridad, por medio de nuestro Señor Jesucristo, para sustituir los pensamientos negativos por las promesas de Dios para nuestra vida. Por tanto, esto provocará que podamos vivir una vida de libertad y abundante.

Porque los que son de la carne piensan en las cosas de la carne; pero los que son del Espíritu, en las cosas del Espíritu. Porque el ocuparse de la carne es muerte, pero el ocuparse del Espíritu es vida y paz.

-Romanos 8:5-6

En estos versículos nos enseña la importancia de nuestros pensamientos y que nosotros tenemos la autoridad sobre las cosas que queremos pensar. Cuando nos ocupamos de las cosas del Espíritu, nuestra vida se fortalecerá espiritualmente, pero, por el contrario, cuando abandonamos las cosas del Espíritu, nuestra carne comienza a tomar control de nosotros y nos lleva por un camino de muerte.

La palabra muerte en el concepto del Nuevo Testamento significa separación y ausencia de Dios. Cuando nos ocupamos de la carne nos separamos espiritualmente de Dios y por tanto se comienza a debilitar nuestro ser interior. Esto provocará que estemos vulnerables ante los malos pensamiento que nos pueden agobiar y esclavizar evitando que podamos vivir una vida abundante. Cuando nos alejamos de Dios nos debilitamos espiritualmente y la consecuencia de estar débiles espiritualmente es que comenzaremos a dar cabida a los malos pensamientos. Cuando le damos cabida a los malos pensamientos, eso nos privará de la paz mental.

Desarrollar una vida espiritual sólida nos ayudará a mantenernos firmes y no darle cabida a los malos pensamientos que puedan llevarnos a sufrir ataques de pánico, ansiedad, depresión o ser esclavo de alguna adicción. Cuando ponemos a Dios en el primer lugar de nuestras vidas, nuestra vida espiritual se fortalece y podemos hacerle frente aquellos pensamientos que me pueden quitar la paz.

A lo largo de mi ministerio he tenido feligreses que han llegado a la iglesia con situaciones emocionales y uno de los testimonios que me han contado que cuando comenzaron a asistir a la iglesia frecuentemente, fue que comenzaron a experimentar una paz que ellos nunca habían sentido. Me han dicho: "Pastor, no sé cómo explicarlo, pero al venir a la iglesia y al salir de aquí hay una paz dentro de mí que me ha ayudado a superar mis situaciones emocionales".

Ellos sienten que la iglesia es un lugar seguro donde ellos se sienten tranquilos sin ser agobiados por pensamientos que les quiten la paz. Mi análisis ante estos testimonios es que la presencia de Dios impacta su espíritu y, por tanto, su alma que es el asiento de las emociones es beneficiada. Por esta razón debemos cultivar nuestra vida espiritual.

Cuando tenemos una vida espiritual saludable, eso nos ayuda a vencer aquellas luchas que podamos enfrentar emocionalmente. El congregarnos nos ayuda a exponernos a la presencia de Dios por medio de la adoración, oración y escuchar la Palabra. A esto le sumamos el amor de nuestros hermanos en Jesucristo, los cuales suman a nuestro crecimiento espiritual.

Al reconocer que una experiencia espiritual fortalece nuestra vida integral, debemos cultivar nuestra relación con nuestro Padre Celestial intencionalmente. ¿Cómo lo podemos hacer? Por medio de los ejercicios espirituales. Yo le llamo a los ejercicios espirituales la oración, el estudio de la Biblia, el ayuno, la adoración y el congregarnos activamente. Esto nos va a ayudar a mantenernos conectados con nuestro Padre Celestial. La consecuencia de mantenernos conectados con nuestro Padre Celestial a través de los ejercicios espirituales trae beneficios incalculables. Nos ayudará a fortalecer todas las áreas de nuestra vida y a enfrentar las adversidades que sufrimos en este mundo caído. Seremos más fuertes espiritualmente y, por lo tanto, viviendo emocionalmente una vida de paz interior.

Exponerse a la presencia de Dios

Cuando tenía 19 años me encontraba apartado de Dios. Solía visitar bares, discotecas y mis amistades no eran cristianas. Lamentablemente, a esa corta edad estaba tomando muy malas decisiones que estaban haciendo sufrir a mis padres y me estaban encaminando por el camino incorrecto. En esa etapa de mi vida, cerca de cumplir mis 20 años, tuve una pérdida significativa: habían matado a uno de mis mejores amigos.

La muerte de él me hizo sufrir mucho, puso en mi corazón sed de venganza. En ese momento estaba dispuesto a matar a los causantes de la muerte de mi amigo. Esta etapa para mí fue muy difícil, me causó mucha tristeza. Recuerdo que me encerraba en el cuarto a maquinar pensamientos y esto me llenaba de más angustia. La sed de venganza y la pérdida de uno de mis mejores amigos me estaban quitando la paz. Como Dios camina por senderos misteriosos, utilizó este evento en mi vida para acercarme a Él.

El dolor de la muerte de mi amigo fue algo que no estaba manejando bien y el dolor me estaba agobiando, llevándome por el camino de la depresión. Muchos días me desvelaba pensando en esta situación y no descansaba bien. Poco a poco el joven fuerte, que creía que el mundo estaba en sus manos, se estaba desmoronando emocionalmente. Cuando identifiqué que mi estado emocional se estaba saliendo de control comencé a buscar de Dios.

Uno de los recuerdos más vivos que tengo fresco en mi mente de esa temporada de mi vida, hasta el día de hoy, es que para poder dormir y distraer mi mente, escuchaba música de adoración, específicamente una grabación de Marcos Witt que había en mi casa. En esa grabación había una canción que en una parte de ella decía: "¡Paz!, ¡paz!, ¡cuán dulce paz! Es aquella que el Padre me da. Yo le ruego que inunde por siempre mi ser en sus ondas de amor celestial".

Escuchaba esta canción y literalmente la atmósfera de mi cuarto cambiaba. Sentía la presencia de Dios y podía experimentar esa paz. Cuando nos exponemos a la presencia de Dios por medio del vehículo de la adoración, nuestro espíritu se conecta con el Espíritu de Dios. Por tanto, su presencia es sanadora a nuestro corazón. Recuerdo que fue en esa temporada de mi vida cuando ya tenía 20 años, que en mi cuarto le entregué mi vida a Jesús.

Lo que quiero resaltar de este testimonio es que cuando nos exponemos a la presencia de Dios, se fortalece nuestra vida espiritual y bendice todas las áreas de nuestra vida.

Si estás luchando con pensamientos negativos, la medicina más efectiva es la presencia de Dios en nuestro corazón. Jesús nos dará la capacidad para enfrentar nuestras luchas internas, saliendo victoriosos frente a ellas. Cuando nos ocupamos de nuestra vida espiritual, en nuestra mente no hay espacio para los pensamientos que nos quitan la paz.

Cuando nos exponemos a la presencia de Dios, se fortalece nuestra vida espiritual y bendice todas las áreas de nuestra vida.

No podemos olvidar que los pensamientos son poderosos. Si abrazamos los pensamientos buenos que vienen de parte de Dios, seremos más que victoriosos y podremos vivir una vida liberada de aquellas cosas que nos oprimen y nos quitan la paz. Por el contrario, si abrazamos los pensamientos negativos, nos llevarán por el camino de la destrucción.

Es sumamente importante el manejo de nuestros pensamientos. De no manejarlos correctamente, nuestros pensamientos nos alejarán del propósito de Dios para nuestra vida. Dos de las cosas que me traían ansiedad era el perfeccionismo y el no saber perder. Si no las aprendemos a manejar, pueden traer un caos mental. No hay nada de malo en la excelencia y dar lo mejor de nosotros, pero cuando se pasan los límites y nos comienza a afectar emocionalmente, hay que trabajar con este asunto.

Quise tocar este tema porque luché con esta situación y me he dado cuenta de que no solamente me sucedía a mí, si no que en mis consejerías pastorales me he encontrado con creyentes luchando con la misma situación. El perfeccionismo los está llevando por el camino de la auto laceración. No solamente le hace daño al individuo, si no a las personas que los rodean o trabajan con ellos. Debemos tener mucho cuidado con los pensamientos que pueden ser nocivos a nuestro estado emocional y no permitir que tomen control de nosotros.

La otra situación que tuve que trabajar muy duro fue con los sentimientos que me producía el perder en cualquier tipo de situación. Esto me producía coraje, frustración, desánimo, entre otros sentimientos negativos. Le pedía a Dios que me ayudara a lidiar con esta situación y Dios la trabajó de la manera peculiar que Él lo hace. Me ha hecho perder lo suficiente para doblegarme y depender completamente de Él. Esto me ha ayudado a mantener un corazón humilde, reconociendo que los logros que pueda alcanzar no tuvieron que ver ni por mi inteligencia, recursos, o contactos; solo tienen que ver con la gracia de Dios depositada en mí. Esto me ha llevado a descansar en Dios y dejarme moldear, porque sé que Él tiene planes buenos para mi vida. Al descansar en Dios, me siento más liviano y los pensamientos negativos no me agobian.

Para ser liberados de los pensamientos negativos que nos quitan la paz y nos pueden llevar a experimentar ansiedad, ataques de pánico, depresión, adicciones y otras situaciones debemos ser proactivos en no permitir que los pensamientos negativos hagan casa de campaña en nuestra mente. Martín Lutero dijo: "No puedes evitar que los pájaros vuelen sobre tu cabeza, pero sí puedes evitar que hagan nido en ella". Los pensamientos negativos pueden cambiar la realidad que estamos viviendo.

Debemos pensar en la buena voluntad que Dios tiene para nosotros.

Pues yo sé los planes que tengo para ustedes, dice el Señor. Son planes para lo bueno y no para lo malo, para darles un futuro y una esperanza. En esos días, cuando oren, los e scucharé.

-Jeremías 29:11-12 (NTV)

Los planes de Dios son buenos para tu vida, tu familia y tus próximas generaciones. Hay un camino de libertad que Dios ha trazado para ti, que a pesar de las adversidades que enfrentes en el camino, Dios te dará las fuerzas para no rendirte y continuar adelante. Hay un camino de libertad que Dios ha creado para ti. En Jesucristo se puede ser libre de todas aquellas cosas que nos agobian. No tienes por qué estar sufriendo. Jesús pagó por tu libertad en la cruz del calvario. Jesús vino a hacernos libres de la muerte espiritual y darnos libertad eterna en Él. Si eres cristiano, no tienes que ser más esclavo o esclava de aquellas cosas que te están agobiando. Dios ha trazado un camino de victoria para tu vida a través de Jesucristo.

Así que, si el Hijo os libertare, seréis verdaderamente libres.

-Juan 8:36

El camino de la liberación suele ser un proceso, pero Dios tiene la capacidad y todo el poder para que puedas disfrutar de la libertad permanente que se encuentra en Jesús. Si pones toda tu vida en las manos del Señor, serás verdaderamente libre.

Si has llegado al final de este libro y nunca le has entregado tu vida a Jesús, me gustaría que repitieras esta oración conmigo:

> Señor Jesús, te pido perdón por mis pecados. Me arrepiento de todo corazón. Entra en mi vida. Sé mi Señor y Salvador. Amén.

Recuerda que en Jesús hay libertad.

Agradecimientos

Quiero darle las gracias a mi Padre Celestial por darme la oportunidad de escribir mi tercer libro. Esta obra es el producto de su poder manifestado en mí. El ser liberado por medio de Jesucristo y los principios de su Palabra han dado vida y aliento a mi corazón. Amado Dios, estaré eternamente agradecido por todo lo que has hecho en mi vida.

Quiero agradecer a mi esposa Lydia, que durante 23 años ha hecho mis proyectos sus proyectos, apoyándome en los sueños que Dios ha puesto en mi corazón. Le doy gracias por su amor, su paciencia y su tiempo. Su apoyo es muy importante para todas las aventuras que hemos vivido en el ministerio. ¡Gracias, te amo!

Quiero agradecer a mis hijos Adrián y Victoria, quienes me apoyan incondicionalmente prestándome su tiempo, estando presentes en muchas gestiones ministeriales. Soy un padre muy bendecido por tenerlos a mi lado. Son una inspiración para seguir alcanzando el propósito de Dios para mi vida. Mi deseo es que puedan seguir mi legado trayendo las buenas nuevas de salvación al que se pierde, porque en Jesucristo hay esperanza. Amados hijos, los amo con todo mi corazón.

Agradezco a mis padres, Manuel Irizarry y Amelia Rodríguez. por llevarme desde niño a la iglesia y poder conocer a Dios a través de su hijo Jesucristo, el cual entregó su vida por amor a nosotros. La oportunidad de escuchar las enseñanzas de Jesús desde mi niñez cambió mi vida para bien. Aun cuando me alejé de Él, lo tenía presente en mi corazón. Los amo; gracias por su apoyo.

Les quiero dar las gracias a los líderes y servidores de la Iglesia Cristiana El Alfarero en Hormigueros, Puerto Rico, por su apoyo, amor, motivación y respeto, que bendicen la vida de mi familia y la mía. Gracias por trabajar a mi lado para alcanzar vidas para Jesús. Ustedes son parte de la familia que Dios nos ha dado, los amamos, damos gracias a Dios por sus vidas y les honramos.

Les doy gracias a nuestros Pastores Frank y Zayda López por expandir nuestra visión y hacernos soñar con cosas grandes para nuestro ministerio. Les honramos y los amamos.

Quiero agradecer a los Pastores de Visión Pastoral que, al reunirnos y compartir con cada uno de ellos, aprendo tanto. Me ayudan a seguir creciendo y soñando.

Agradezco a todos los pastores y líderes que han bendecido mi vida a través de mi desarrollo ministerial. Aun a los pastores y maestros de clase bíblica de mi infancia, quienes sembraron las bases y fundamentos doctrinales para mi crecimiento en el evangelio de Jesucristo.

Anticipadamente le doy gracias a Dios por los que obtendrán este libro y tendrán la oportunidad de leerlo. Deseo que este libro sea de mucha edificación para su vida y puedan vivir una vida de libertad que solo encontramos en Jesucristo. Gracias por su apoyo a esta hermosa lectura.

Acerca del Autor

Iván Irizarry es el fundador y pastor de la Iglesia Cristiana El Alfarero, ubicada en el pueblo de Hormigueros, Puerto Rico, donde pastorea junto a su esposa Lydia. Es autor de los libros *Identifica la Voz de Dios* y *Discernimiento en la Guerra Espiritual*, los cuales han bendecido a miles de personas con su profundo contenido espiritual.

Durante más de 20 años, ha predicado la poderosa Palabra de Dios en Puerto Rico, Estados Unidos, el Caribe y América del Sur. Con un don destacado para la enseñanza y el evangelismo, ha sido de gran bendición para el cuerpo de Cristo.

Además, es cantautor y ha producido dos álbumes musicales titulados *Es un Honor* y *Eres Grandioso*. También ha compuesto canciones para otros ministerios cristianos, destacándose en su rol como compositor.

Iván Irizarry fue ordenado al pastorado por los pastores Frank y Zayda López, fundadores de la Iglesia Doral Jesus Worship Center, en Miami, Florida.

www.ingramcontent.com/pod-product-compliance
Lightning Source LLC
LaVergne TN
LVHW050621100826
845148LV00011B/1681

* 9 7 9 8 2 3 4 0 2 8 9 6 9 *